网络社会

与社会主义核心价值观认同

郑爱龙◎著

安徽师范大学出版社
·芜湖·

本书系安徽省哲学社会科学规划项目（AHSKY2015D07）、安徽省高等教育振兴计划思想政治教育综合改革计划建设名师工作室（思政理论课教师）项目（Szzgjh1-1-2018-18）、安徽省高校优秀青年人才支持计划重点项目（gxyqZD2016321）、安徽省高校人文社会科学研究重点项目（SK2016A0677）、教育部人文社会科学研究一般项目（10YJC710082）成果之一。

图书在版编目(CIP)数据

网络社会与社会主义核心价值观认同 / 郑爱龙著．—芜湖：安徽师范大学出版社，2016.9

ISBN 978-7-5676-2647-8

Ⅰ．①网… Ⅱ．①郑… Ⅲ．①社会主义建设－价值论－研究－中国 Ⅳ．①D616

中国版本图书馆CIP数据核字(2016)第214268号

网络社会与社会主义核心价值观认同　　郑爱龙 著

责任编辑：胡志立
封面设计：陈　爽
出版发行：安徽师范大学出版社
　　　　　芜湖市九华南路189号安徽师范大学花津校区
网　　址：http://www.ahnupress.com/
发 行 部：0553-3883578　5910327　5910310(传真)
印　　刷：虎彩印艺股份有限公司
版　　次：2016年9月第1版
印　　次：2016年9月第1次印刷
规　　格：700 mm ×1000 mm　1/16
印　　张：12.25
字　　数：195千
书　　号：ISBN 978-7-5676-2647-8
定　　价：29.80元

导 言

2012年11月8日，在中国共产党第十八次全国代表大会上通过的《坚定不移沿着中国特色社会主义道路前进 为全面建成小康社会而奋斗——在中国共产党第十八次全国代表大会上的报告》中，首次以党和国家的名义对“社会主义核心价值观”的基本内涵予以了明确的界定：“倡导富强、民主、文明、和谐，倡导自由、平等、公正、法治，倡导爱国、敬业、诚信、友善，积极培育和践行社会主义核心价值观”。2013年12月，中共中央办公厅颁发的《关于培育和践行社会主义核心价值观的意见》又进一步指出了“社会主义核心价值观”的逻辑体例：“富强、民主、文明、和谐是国家层面的价值目标，自由、平等、公正、法治是社会层面的价值取向，爱国、敬业、诚信、友善是公民个人层面的价值准则”。

作为培育和践行的基本内容，社会主义核心价值观的二十四个字、十二个词语体现了其内涵的丰富性和开放性，从范围上回答了“社会主义核心价值观是什么”的问题，给了社会主义核心价值观以明确的“定界”；作为培育和践行的具体指向，社会主义核心价值观的国家、社会、个人三个层面表明了当前我国社会主义核心价值观培育和践行所要达到的状态和程度，从范畴上回答了“什么是社会主义核心价值观”的问题，给了社会主义核心价值观以明确的“定位”。范围上的科学定界与范畴上的准确定位，明晰了我国培育和践行社会主义核心价值观的基本路线。正如2014年5月4日，习近平总书记在北京大学师生座谈会上讲话时所指出的：“我们提出要倡导富强、民主、文明、和谐，倡导自由、平等、公正、法治，倡导爱国、敬业、诚信、友善，积极培育和践行社会主义核心价值观。富强、民主、文明、和谐是国家层面的价值要求，自由、平等、公正、法治是社会层面的价值要求，爱国、敬业、诚信、友善是公民层面的价值要求。这个概括，实际上回答了我们要建设什么样的国家、建设什么样的社会、培育什么样的公民的重大问题。”

培育和践行社会主义核心价值观重在建设。建设既是“社会主义核心价值观是什么”的出发点，也是“什么是社会主义核心价值观”的落脚点。对此，“网络社会”这一世界范围思想文化交流、交融、交锋形势下价值观较量的重要场所，其与国家繁荣昌盛、社会发展进步、人们幸福安康关联度越来越紧，密切度越来越高。这也决定了网络社会是我们培育和践行社会主义核心价值观无法回避，且必须高度重视的重要组成。

关于“网络社会”这一概念，国内外存在着众多不同观点和阐述，这显然不利于社会主义核心价值观在网络空间的培育和践行，与中共中央办公厅在《关于培育和践行社会主义核心价值观的意见》中所指出的：“建设社会主义核心价值观的网上传播阵地。适应互联网快速发展形势，善于运用网络传播规律，把社会主义核心价值观体现到网络宣传、网络文化、网络服务中，用正面声音和先进文化占领网络阵地。做大做强重点新闻网站，发挥主要商业网站建设性作用，形成良好的网上舆论环境，集聚网上舆论引导合力。做好重大信息网上发布，回应网民关切，主动有效进行网上引导。推动中华优秀传统文化和当代文化精品网络化传播，创作适于新兴媒体传播、格调健康的网络文化作品。依法加强网络社会管理，加强对网络新技术新应用的管理，推进网络法制建设，规范网上信息传播秩序，整治网络淫秽色情和低俗信息，打击网络谣言和违法犯罪，使网络空间清朗起来”这一要求也相去甚远。

本书通过网络社会篇、社会主义核心价值观篇、网络社会中社会主义核心价值观认同篇三篇内容，较为全面地分析和论述网络社会与社会主义核心价值观认同的相关问题。第一部分：网络社会篇。以分析技术的网络化为研究缘起，探讨网络的社会化过程。在此基础上，从内涵和外延两方面界定网络社会。第二部分：社会主义核心价值观篇。从社会主义核心价值观的当代形态入手，探讨社会主义核心价值观的文化品格，辨析社会主义核心价值观和社会主义核心价值体系的辩证关系。第三部分：网络社会中社会主义核心价值观认同篇。以确立网络社会中社会主义核心价值观认同的当代范式为基准，在全面审视网络社会中社会主义核心价值观认同的现状、深入考察近代以来国内外典型价值观认同的经验基础上，探究网络社会中社会主义核心价值观认同的合理路径，在“网络社会”中尽可能地推动社会主义核心价值观的认同，为促进社会主义核心价值观的培育和践行提供理论和实践上的探讨和探索。

目　录

网络社会篇

社会主义核心价值观篇

网络社会中社会主义核心价值观认同篇

网络社会篇

第一章　筑基:技术的网络化

网络社会中社会主义核心价值观认同的前提是网络形成了社会的形态,因此探究就从网络的社会化演进这一点开始。

关于如何界定网络名称的探讨一直方兴未艾，诸如根据音译的因特网（又称国际互联网）（Internet）、强调意译的互联网（Internet Work）以及反映特征的虚拟网（Virtual Net）等不一而足。但不管其从哪一方面来诠释，突出“网”的形态却是各方的一致观点。从便于大众理解、为更多人所容易接受的角度来看，“网络”一词更加形象，更符合我们的语言习惯，更易于我们把握和认识。网络是在近代应用物理学、数学、化学等科学理论得到巨大发展的基础上，伴随着真空电子技术、机械工程技术、电子计数技术、雷达脉冲技术、微电子技术、通信技术、磁记录技术、光导纤维技术、超导技术、激光技术等众多技术群落的综合应用，自点及线、从线到页、由页而网逐步形成的过程。因此，可以说网络的发展史就是近代的科学进步史以及由此引发的技术应用史，是技术网络化的直接结果和渐进过程。正是基于技术的“网络”形态，我们可以将这一过程具体分为点线技术和页网技术两大阶段。在这两大阶段，因涉及的技术众多且繁杂，为了有针对性地探究网络（社会）中社会主义核心价值观的传播路径和认同策略，这里仅阐述其中起关键作用的技术。

第一节　连接:点与线

在点线阶段，网络的诞生首先是从实现人机结合技术这一“原点”开始的，并通过链接技术，逐步形成了点与点之间的“基线”，由此建构了网络的基本组织。这也是价值观念融入网络，在网络中传播，进而实现价值观认同的起点。

一、点：人与机结合的技术

人与机的成功结合共同构成了网络网状结构的原点。其中，现代计算机技术和人机交互技术是实现这一结合的关键。即电子计算机技术的不断革新实现了计算机向个人应用的普及，为网络原点的形成提供了前提；人机交互技术的持续进步实现了人与机的有机结合，为价值融入网络原点奠定了基础。两者共同构成了网络中价值观认同的起点。

1. 计算机的技术：个人计算机（PC）

计算机技术[①]的发展为计算机的普及提供了可能，而计算机的普及化则为网络的形成提供了操作平台上的可能。

从整个人类的发展进程来看，科技的发展是连绵不断的，后代的成就总是建立在早期探索的基础之上。据此，计算机相关技术的萌芽最早可以追溯到远古时期的“结绳计事（数）”。我国古代巨著《周易》一书中就有“上古结绳而治，后世易之以书契，百官以治，万民以察”[②]的说法，汉代学者郑玄为《周易》作注时将其表述为：“事大，大结其绳；事小，小结其绳”[③]。随后在《孙子算经》和《夏阳侯算经》中发展为“算筹[④]计数”和“算盘计算”等。不论是结绳、算筹还是算盘，都是前人为提高“计算”的准确度和速度而创造的。现代电子计算机技术起初也正是为了追求这一目标而诞生的。

1946年2月，以英国近代著名的物理学家、电气工程师约翰·阿

①计算机技术的范围极其广泛，这里指的是计算机本身的技术发展。

②李学勤．十三经注疏[M]．标点本．北京：北京大学出版社，1999：302．

③李学勤．十三经注疏[M]．标点本．北京：北京大学出版社，1999：302．

④“珠算”一词最早见于东汉数学家徐岳所撰的《数术记遗》，其中有云：“珠算控带四时，经纬三才。”北周甄鸾为此作注，大意是：把木板刻为三部分，上、下两部分是停游珠用的，中间一部分是作定位用的。每位各有五颗珠，上面一颗珠与下面四颗珠用颜色来区别，后称之为“档”。上面一珠当五，下面四珠每珠当一。而今天的解释是：算盘为长方形，木框中嵌有细杆，杆上串有算盘珠，算盘珠可沿细杆上下拨动，通过用手拨动算盘珠来完成算术运算。

布罗斯·弗莱明(Sir John Ambrose Fleming,1989—1945)发明的“热离子二极管”(又称弗莱明管)技术和被称为“电子管之父”的美国科学家、发明家李·德富雷斯特(Lee De Forest,1873—1961)制造的“电子三极管”技术为基础,并以之为主要逻辑元件,美国率先制造出世界上第一台通用性、完全电子化的电子计算机——“电子数字积分式计算机”(Electronic Numerical Integrator and Calculator,缩写为ENIAC,中文取其音为:埃尼阿克),这标志着第一代电子计算机的诞生以及电子计算机发展应用的开端。当时由于电子管技术水平的限制,为制造ENIAC,美国使用了一万八千多个电子管,重达三十吨,体积超过一千五百 ft^2(约为170㎡),体积庞大、造价高昂;ENIAC的主要用途是计算导弹弹道轨迹和火力,是由美国陆军军械局出于军事发展需要而制造的。其运行流程是先由纯人工编写好代码,再以卡片或纸带打孔向计算机输入指令,利用接插板或开关操作计算机,功能单一,操作复杂。显然,第一代电子计算机在技术上取得了开拓性的革新,无论是在每秒上万次的计算速度上,还是在全电子的结构上,都为后来计算机网络技术的发展奠定了基础。但总体而言,其仍然仅仅是“计算”的机器,属于独立于人之外的工具范畴,服务对象是极个别的军事和科研机构。它既不能大范围推广,也不能实现人机交互,更不可能实现价值观念融入和广泛传播,更谈不上网络化的价值观认同。不仅第一代计算机如此,即使是20世纪50年代末建成的用更为先进的晶体管技术代替电子管技术的第二代计算机也无法实现人机交互。

1947年,美国Bell实验室的威廉·布拉德福德·肖克利(William B.Shockley,1910—1989)、约翰·巴丁(John Bardeen,1908—1991)和沃尔特·豪泽·布喇顿(Walter Houser Brattain,1902—1987)共同发明了晶体管(Transistor),揭开了第二代晶体管电子计算机技术制造和应用的序幕。1958年,美国国际商业机器公司(International Business Machines Corporation,缩写为IBM)制成了世界上第一台全晶体管计算机——“RCA501”。相比起第一代电子管技术计算机,第二代晶体管技术计算机在体积、重量、能耗、操作和运算速度等方面都有了巨大的变化，应用领域扩展到了工业领域，但其使用范围仍然主要局限于科学计算和简单的数据处理，人机交互、普及推广仍是奢望。

真正实现普及推广的则是第三代、第四代集成电路（Integrated Circuit，缩写为IC）技术计算机的制造和应用，即中、小规模集成电路技术电子计算机时期和大、超大规模集成电路技术电子计算机时期。1958年，美国物理学家杰克·柯尔比（Jack.S.Kilby，1923—2005）和罗伯特·诺伊斯（Robert Noyce，1927—1990）成功将相当于大量晶体管的电子元件集成于极小硅片上，制成了集成电路，并将其作为计算机的基本逻辑元件。1968年8月，在电子计算机应用技术发展史上，一个具有里程碑意义的公司——“集成电路公司”（Intel Corporation，即Intel公司），由罗伯特·诺伊斯（Robert Noyce，1927—1990）和戈登·摩尔（Gordon Moore，1929—）创立。1971年，Intel公司运用集成电路技术成功研制世界上第一枚仅有12mm²大小，却包含了2 250个晶体管，集运算和控制为一体的微处理器芯片（Central Processing Unit，缩写为CPU），编号4004。1981年，美国国际商业机器公司使用这种微处理器技术研制并推出了性价比高、个人易用、多方兼容的第一代微型电子计算机中的代表——IBM PC（Micro Computer, 缩写为MC），即个人计算机。正是集成电路这一关键技术，使电子计算机在大小体量、运行速度、价格成本、应用功能等方面取得了质的突破，电子计算机的应用领域由初始的军事向民用、科学计算向个人生活等方面无限扩展，拉开了计算机网络时代的序幕。正如美国麻省理工学院教授及媒体实验室的创办人尼古拉斯·尼葛洛庞帝（Nicholas Negroponte，1943—）在其巨著《数字化生存》（英文书名：Being Digital）中指出的：“计算机不再只是和计算有关，它决定我们的生存。”

2. **人机交互技术：人机交互**（HCI）

如果说计算机技术本身的发展推动了计算机的普及，使普通民众拥有计算机成为可能，而要普通民众发挥计算机的作用，成为网络的组成原点，需要普通民众具备使用计算机的能力，实现人机结合。对此，在计算机网络的发展过程中，不断发展的人机交互技术功不可没。

人机交互（Human-Computer Interaction，缩写为HCI）是人与计算机交互的简称，意指通过人机交互技术实现“人到计算机和计算机到人的信息交换”[①]，即通过人对计算机的使用实现人与计算机之间的相互作用。在一定程度上可以说，计算机网络的形成就是从人到计算机的输入和从计算机到人的输出相结合的人机交互，并逐步实现大众化的过程，实现这一过程主要依靠以计算机语言和计算机操作系统为核心技术的大众化。

人们对于计算机的使用主要通过计算机语言编写程式指令（程序）来达成。因而，计算机语言是实现人与计算机交互的基础媒介。在电子计算机产生之初，计算机语言主要是以“0”和“1”组成的二进制机器代码为基础的机械语言，机械语言可以说是第一代人机交互的媒介。人们通过机械语言编写行动指令，再通过纸带打孔输入计算机，计算机通过打印机完成数据输出。这一过程需要专业的计算机操作人员来完成，既费工又费力，而对于没有经过专业训练的普通民众而言，人机交互是无法完成的任务。

汇编语言的出现使这一困境得到缓解。比起机械语言，汇编语言以特定的英文字母或符号（串）代替冗长的二进制字符（串），人与计算机的交互不再需要直接面对枯燥易错的“0”和“1”，而是通过专门的汇编程序翻译，间接操作计算机。虽然这仍然需要一定的专业培训，但汇编语言实现了计算机语言的直观化和简单化，容易被人们所理解和掌握，既减少了工作量，又提高了计算机的执行速度，推动了人与计算机的交互向普通民众的较大发展。

到了以Fortran、C、C++等为代表的高级语言阶段，计算机语言更接近人们的自然语言。相较汇编语言，高级语言成功地将大量相关的程式指令合并为单条指令，减少了不必要的环节，极大地推动了程式指令编写的规模化和产业化。在此基础上，程式指令逐渐向软件转变。众多软件的产生大大提升了人机交互的速度，使更多的普通民众

①孟祥旭．人机交互基础教程[M]．北京：清华大学出版社，2010：1.

不必再经过计算机专业语言的学习去编写程式指令，可以直接使用软件实现人机交互。计算机语言技术的大众化也因此成为现实。

而系统的软件构成了可以供更多人使用的计算机操作系统(Operation System)，操作系统的出现也实现了人机交互由单调的程式指令式命令行界面（Command Line Interface，缩写为CLI）阶段向丰富的视窗菜单式的图形用户界面（Graphical User Interface，缩写为GUI）的巨大飞跃。

在图形用户界面中，起到关键性作用的是“Windows（视窗）+ Icon（图形标示）+ Menu （选择菜单）+ Pointer（指标）”技术的开发和应用，缩写为WIMP技术。WIMP技术最为广泛的应用是微软公司（Microsoft）开发的“Windows”系列操作系统，从Windows1.0 ~ 3.X开始，历经Windows95、Windows98、WindowsME、Windows2000、Windows2003、WindowsXP、WindowsVista、Windows7、Windows8，Windows8.1和WindowsServer的开发和应用，“Windows”系列操作系统以“所见即所得”的直观图形操作效果，结合鼠标技术的广泛使用，实现了人机交互大众化的历史性变革。在人机交互层面上，它不是少数机构和少数人的专利，而是跨越了民族、种族、年龄、国界、知识能力等人际差异的制约，成为全世界共同的知识财富。同时，这也推动了人机的紧密结合，并成为计算机网络形成的基点。在某种程度上甚至可以说正是人机的有机结合构成了计算机网络的基础。正如开发出“Java”语言技术并推出世界上第一个通用软件平台的美国著名IT及互联网技术服务公司——太阳计算机系统有限公司（Stanford University Network Microsystems，缩写为Sun）①时任首席执行官斯科特·麦克尼利（Scott McNealy，1954—）所言：“网络就是计算机”。

二、线：点与点连接的技术

在计算机网络结构中，实现计算机普及化的电子计算机技术和实现计算机操作大众化的人机交互技术相互结合，形成了网状形态的

①Sun是最早进入中国市场(1987年)并直接与中国政府开展技术合作的计算机公司，2009年被全球最大的企业级软件公司“甲骨文”收购。

"原点"，而实现点与点之间相连的技术群则是形成网状形态的"基线"。原点与基线共同组成了计算机网络的基本构件。为便于理解，我们可以把实现点与点相连的相对方中的一方称为"起点"，另一方称为"终点"，这里的起点和终点是相对而言的，即一个计算机是连接起点的同时，它也是被连接的终点，计算机与计算机之间的连接不是单向的，而是双向互动的。而统一标识两点位置的技术是实现起点和终点之间连线的关键。

1. **确定相对起点位置的技术：网络通讯协议**（TCP/IP）

在实现人机交互以后的很长时间，人们对于计算机的操作仅仅是单机运行的状态，即每个"原点"是孤立的，彼此之间并不联系。而要实现点与点之间的连接却困难重重，这是由于不同计算机厂家制造和生产的计算机型号各异、彼此差别很大，这就迫切需要制定统一的技术标准，以实现不同厂家计算机之间的连接。1977年，国际标准化组织成立了专门的分委员会，研究统一的连接技术标准。1984年，包含7层技术协议的"开放系统互连基本参考模型"（Open System Interconnection Reference Model，缩写为OSI/RM）被制定和发布。OSI/RM规定了全体计算机之间连接的理想标准，但因其过于庞杂且严重滞后于计算机网络的高速发展，OSI/RM并没有得到广泛使用。取而代之的则是更为简单直接的连接协议技术，即为人们所熟知的"TCP/IP"。

所谓"TCP/IP"协议技术（Transmission Control Protocol/Internet Protocol的缩写，中文译名为"网络通讯协议"）是一种实现计算机之间连线的协议技术群，其中发挥关键作用的是起到确保"连成"的TCP协议技术和确定每一台计算机在网络中位置以确保"连准"的IP协议技术。在具体作用原理上，简单而言，TCP协议技术就是通过"遇错即重"的模式确保连接成功，而IP协议技术则是通过统一分配地址确保连接准确。

相比较TCP协议技术，IP协议技术的作用更为关键。如果用一个形象的比喻，网络就像一座城市，经过统一规划，可以将这座城市分为不同的区、街道，街道上坐落着各栋有人的房屋，计算机就像这些房屋，而IP代表着房屋的具体地址，通过街道彼此相连，要想从一栋房屋到另一栋房屋，只要沿着街道，按照地址寻找即可。IP协议技术正是通过统一分配，使每台计算机都有一个独一无二的网络地址，以达到连接准确无误。而这种连接的工作原理是由一台计算机向另一台计算机发出连接请求，得到另一台计算机的回应后，两者形成连接。就如同人到了另一栋房屋，但总是要返回自己的房屋一样，相对于另一间房屋，自己的房屋就是发动连接的起点。IP协议技术也正是如此确定着两台计算机之间连线的相对起点地址。

2. 确定相对终点位置的技术：域名系统协议（DNS）

由于在原始代码上，IP协议技术所确定的IP地址是用点数法来表示的，由原点“.”分隔开的4组，每组8位二进制数值组成，如01000110.00100100.00100101.10000110。即使是转换为通常的四个十进制数（每一个都是0—255之间的整数），如202.6.7.8，在大量连接时，仍然不便于记忆和使用。为此，1983年，被誉为“现代Internet的奠基者之一”的美国计算机学家保罗·莫卡派乔斯（Paul Mockapetris）发明了以英文字母表示具体意义的、更便于记忆和推广的域名系统协议技术（Domain Name System，缩写为DNS）。虽然DNS也是IP的另一种呈现形式，但DNS更多地表现为计算机之间点与点连线的相对终点位置，是网络中被访问的对象。

DNS协议技术的应用原理是以包含关系的上下层域名系统来界定计算机的网络地址，每一层域名对应着被统一规定的网络空间位置。具体构成一般为：主机名+计算机名+机构性质名+国家地理位置名等。在层次上，自右向左越来越具体。其中，主机名、机构性质名和国家地理名被统一规范，计算机名则可以根据具体意义来设定。如常用的百度网络地址：www.baidu.com，“baidu”表示自主设定的计算机名，“com”表示统一规定的机构性质名。其实百度域名系统最初还有一层域名为.us，只是因为计算机技术主要是由美国研制的，因此在具体呈现时，这一国际地位名被省略了。完整的百度域名系统为“WWW.百度.商业组织.美国”，转换成通俗的语言，百度的网络地址就是在美国地域内、商业性组织的百度公司。DNS协议技术正是通过统一定制，实现计算机由起点向终点的精确连线。

第二节　联接:页到网

实现不同计算机之间最大程度的资源信息共享是计算机与计算机之间连接最大的目的取向，也是网络存在的最高价值追求。正是资源信息在网络中的存在技术以及实现资源信息在不同网际之间自由流转的技术推动了从线到页、从页到网，最终形成了庞大的计算机网络系统的过程。

一、页：线与线交织的技术

当把人机结合抽象成“点”，通过确定起点和终点位置，点与点之间成功相连所形成的“线”使一个点享受到了1+1≥2的作用放大效果，而“≥2”很显然不是这种效果的终极。为了追求这种效果的更大化，就需要更多的点加入，线也就越来越多，线与线的交织最终形成了具有一定功能的页——“网页”。网页既是信息在网络中存在的基本载体和网络实现信息资源共享的核心技术，也是构成网络的基础。这一技术作用的发挥主要包括信息在网络中的形成技术和信息在网络中的浏览（搜索）技术。

1. 信息在网络中的形成技术：网页（Web）

直观上，网站总是以“页”的形式呈现，即网站是一个由总的Web下辖无数个分Web组成的Web群构成。在网站中，一般将总的Web称为主页（Homepage），分Web称为网页（Webpage），每一个网页对应着相应的资源信息。网页的制作主要通过使用以超文本标记语言（HyperText Markup Language，缩写为HTML）为核心的编程技术完成。

每一个网页通过超文本传输协议技术（HyperText Transfer Protocol，缩写为HTTP）链接至主页中，人们通过点击主页上的网页链接即可查看相应网页上的资源信息。这里的使用者即人机结合的“起点”，网页的地址则是“终点”。使用者访问网站查看资源信息的过程就是起点和终点之间相连形成一条线的过程，当N个使用者访问网站查看不同资源信息所在的网页时，无数条线就形成了。这些线相互交织，就构成了网络中“页”的作用形态。

在使用者查看资源信息的过程中，线的作用方向是单向的，资源信息的价值体现为：使用者→信息，这时使用者是单方面的享用资源信息。而当使用者掌握了相关语言技术可以制作网站时，线的方向是双向的，即使用者既是资源信息的享用者，也是资源信息的创建者，其资源信息的价值体现为：使用者↔信息。使用者和资源信息之间的双向作用增加了线与线的交织密度，这在实现资源信息共享的同时，提高了“页”的网络化趋向。

2. **信息在网络中的搜索技术：浏览器**（Browser）

正是由于网站制作语言技术的不断发展，网站制作的门槛越来越低，网站涵盖的资源信息也越来越多。当前，即使以海量来表示网络中信息的数量也不足以形容其万一。那么，使用者尽快且准确地找到自己所需要的资源信息就成了实现信息共享的基本要求，这也是网络能够存在和发展的基本前提。对此，万维网技术群中的统一资源定位符技术和浏览器技术为其实现提供了可能。其中，统一资源定位符技术是通过浏览器技术发挥作用的。

统一资源定位符技术（Uniform Resource Locator，缩写为URL）最初是被誉为“Web之父、万维网发明者”的英国计算机科学家蒂莫西·约翰·伯纳斯·李（Timothy John Berners-Lee）发明用以作为“WWW”地址的，后来该技术被广泛用于标示网络中对应资源信息（网页）的准确地址。URL的基本组成和作用机制为：资源信息的协议类型名+资源信息所在的网站名+资源信息名，除协议类型名之后用“：//”，其他的相互名之间用“/”分隔开来。如在百度网站中搜索“统一资源定位符技术”资源信息，所得到的网页地址即为“http://baike.baidu.com/view/245485.htm?fr=aladdin”，其中，“http”表示该资源信息为超文本类型，“baike.baidu.com”是指该资源信息所在的网站名为百度百科，“view/245485.htm?fr=aladdin”则为该资源信息在百度百科中所对应的名称字符串。

统一资源定位符的作用是通过资源信息搜索工具——浏览器技术

来实现的。当前，网络中最流行的浏览器是微软公司开发的 Internet Explorer（缩写为 IE）浏览器。其使用简单便捷，只要启动 IE 软件，在其地址栏中输入网站（页）地址，即可获得相应的资源信息。

统一资源定位符和浏览器技术在为使用者提供资源信息服务、实现资源信息共享更大化的同时，也必然提高了使用者和网站的连线、线与线交织的效度，从而加速网络中“页”的形成。

二、网：页与页互联的技术

以“页”形成呈现的网站体现了资源在一定范围内的流动与共享。在各种各样的网站陆续出现以后，如何实现这些页之间有效地互联，既提高资源信息传输的效率，又确保资源信息传输的成功率，以充分发挥不同网站资源信息的价值，实现页之间的信息资源最大程度的共享，成了计算机网络化必须要解决的关键问题。对此，分组交换技术和分布式拓扑结构技术的开发和应用很好地解决了这一问题，并成为计算机网络化发展历程中具有里程碑意义的技术支撑。

1. 提高信息传输效率的技术：分组交换

在实现计算机与资源信息网站之间点与点连接的初期，信息（数据）的传输对传输通道具有独占性要求，即一旦两点之间建立了连线进行信息传输，这两点之间的信息传输通道就会一直被占用，除非传输中断或传输完成，否则其他的连线只能等待。在这一过程中，使用者的计算机被称为终端，终端与终端之间没有连线。这种连线建立的页状连线被称为“面向终端的远程联机网络”时期，其模型建构是以资源信息网站一点对多个使用者的计算机之间的连线。而当作为资源信息网站（终点）的点与使用者计算机（起点）的点越来越多，彼此之间通过互联进行资源信息共享时，仅仅依靠这种资源信息（数据）的传输方式，显然会因为其传输的速度而大大降低资源的利用率。

为克服这一缺点，提高资源信息传输的效率，英国计算机科学家唐纳德·戴维斯（Donald Watts Davies，1924—2000）和波兰裔美国籍互联网先驱者保罗·巴兰（Paul Baran，1926—2011）于20世纪60年代后期共同提出了分组交换技术（Packet Switch，缩写为PS），并应用于计算机网络的雏形——“阿帕网”（Advanced Research Projects Agency Net，缩写为ARPAnet）。简单而言，其主要工作机制为：分组—交换—重组。分组，就是通过分组技术将需要传输的资源信息分为若干小段，再给每个段附加上从哪里来，传向哪里去的地址；交换，就是将被分成若干小段的资源信息在整个网络上运用所有可以传输的线路上进行传输；重组，就是将所有到达目的地的资源信息小段去掉目的地地址后，重新组成完整的资源信息。如此一来，传输方式就可使资源信息传输线路不为连线双方所独占，为实现资源信息最大化共享提供了可行有效的方案，极大提高了资源信息传输的效率，并成为当前互联网中资源信息传输的基础技术，被称为通信技术方式的革命性创造。这一创造成为由页到网，并最终推动广域计算机网络形成的关键技术[①]。

2. **确保资源信息传输成功率的技术：分布式拓扑结构**

提到计算机网络的发展历程，就不得不提到其组织系统的结构方式——分布式拓扑结构（Distributed Topology Structure），甚至可以说计算机网络研发的初衷之一就是为了实现分布式拓扑结构。众所周知，计算机网络诞生于美国的军事领域，直接目的是为了提高军事通信系统的生存能力。即在通信系统中某一点受到攻击损毁时，其他部分仍能正常工作，而不至于导致整个通信系统的瘫痪。

美国国防部（United States Department of Defense，简称DOD或DoD）于1958年2月成立了高级研究计划局（Advanced Research Projects Agency，简称ARPA；1972年3月改名为Defense Advanced Research Projects Agency，简称DARPA），专门负责研发军事方面的最新科学技术。在此背景下，直接以ARPA命名的“ARPAnet”于1966年被提出，1968年开始构建，1970年基本完成，这时的ARPAnet就采用了分布式拓扑结构。其工作原理是忽略连接入网的所有计算机的大小、形状等物理特征，而突出它们在点、线等方面的几何特质，这样整个计算机网络系统就成了由点、线等基本构件组成的直观几何图示，所形成的图示即为拓扑结构图。在此基础上，对这些点和连接成

①冯小辉．计算机文化基础[M]．北京：机械工业出版社，2006：268．

线的点采取分布式布局，即所谓的“去中心化”，实现了资源信息在传输过程中，即使某一点出现了问题，仍能通过其他连通的线路实现传输，提高资源信息传输的可靠性和成功率，即所谓的“断点续传”效果。

虽然这一时期的ARPAnet还不是真正现代意义上的计算机网络，但这一组织结构引起连接传输的可靠性却一直保持了下来，成为现代计算机网络连接的核心技术，是推动计算机网络高速发展的技术保障。

结语

本章并非从专业技术的角度去分析计算机网络的建构过程，点、线、页、网这四个技术环节并非是独立的，也没有绝对时间次序上的先后，而是相互交织，共同作用于计算机网络的形成。之所以将其分开阐述，仅仅是为了达到以下目的：一是更容易理解计算机网络的技术网络化过程，为后面网络社会化奠定基础；二是突出计算机网络中实现价值认同在网络技术方面的作用机理。故而，在阐述这些技术环节时，并没有试图（也不可能）穷尽计算机网络形成所涉及的全部技术，因为计算机网络技术在整体上是不断发展的，所以只突出阐述其中表现出有利于大众认识计算机网络中价值观念的产生、传播以及认同的关键技术；也没有（也不应该）介绍其中任何一个技术开发和应用的完整过程，因为计算机网络技术在个体上是不断更新的，所以只是侧重分析有利于理解关键技术在计算机网络中价值观念的产生、传播以及认同方面的作用机理。

尽管本章无法一一列举所有计算机网络发展过程中的技术，也不能巨细无遗地介绍每一个技术开发和应用的所有环节。但总体上，不可否认，正是大量的、系统的新技术的开发和应用，推动了计算机网络的自点及线、从线到页、由页而网的技术网络化形成过程。

第二章　形质:网络的社会化

虽然关于网络空间是否能称为一种社会形态的争议一直未曾停止,在可以预见的未来可能也不会停息,但网络却一直按照自己的步伐进行着社会化的进程。

社会化作为社会学的核心概念之一，一般是指人由个体的状态向社会的状态转化的过程。研究的对象是“人”，研究的视角是假定社会是客观存在的。社会化就是非社会的个体向社会的人的转化，即社会化过程在序列上是：客观存在的社会←社会的人←非社会的个体。在某种意义上说，社会学中界定的社会化是社会的进一步拓展。正如“精神分析社会学”的奠基人之一、美籍犹太人埃里希·弗洛姆（Erich Fromm，1900—1980）将“社会化”解释为：社会诱导社会成员去做那些要使社会正常延续就必须做的事。我国著名社会学家费孝通则将“社会化”界定为：“个人学习知识、技能和规范，取得社会生活的资格，发展自己的社会性的过程”[①]。

网络的社会化与社会学中的社会化既有区别又有密切联系。因为网络刚开始并非一种社会的存在，网络的社会化不仅需要分析网络中的人的社会化，还要探究网络空间本身的社会化，即网络的社会化是“网络空间的社会化”和“网络主体的社会化”两大维度的统一。

在马克思看来：社会——不管其形式如何——是什么？是人们交互活动的产物[②]。马克思的这一科学论断深刻揭示了社会存在的两大条件：“人”与“交互”，这里的“人”是指社会人的形成和客观存

①费孝通．社会学通论[M]．天津:天津人民出版社,1984:54.

②马克思恩格斯选集:第4卷[M]．北京:人民出版社,1995:532.

在，属于抽象的范畴；“交互”，马克思曾从人类社会发展史的角度对其作了科学的诠释：生理需要和随之产生的社会需要在人类生存和发展中具有基础性的作用，需要是一个人的行动的基础和积极性的来源，人的需要不同于动物的本能性的机能，人的需要是社会性的，是以社会为背景和以社会为尺度的[①]。也就是说，交互行动是基于需要的差异性而产生的，正是为了满足这种差异性的需要，人们之间才产生了交互的行为。这种需要的差异性导致了人与人之间在社会层次（阶级和阶层）上的差别，在社会学理论中，将人们在社会层次上的差别称为社会分层，而社会分层体现了各社会层次之间的结构性，这就是社会结构。由此可见，人们的交互活动在社会学中体现为社会的结构，社会存在与发展的基础就是社会结构和社会人两方面的结合。

因此，判断网络能否成为一种社会形态的必然标准，就是判断网络是否具备了在社会人和社会结构两方面的条件。以社会化的视角论之，即网络是否实现了空间结构的社会化和主体角色的社会化。

第一节　整合：网络空间结构的社会化

网络空间结构的社会化是指网络空间逐步具备社会结构的形式与特质的过程。由于网络参与的现实性，网络空间结构的社会化也就是基于现实基础上的整合。如同现实社会中人们为满足不同的需要渴求而交互产生了社会关系一样，随着科学技术的不断进步，人们希望并能够参与网络当中的“点”（人机结合）越来越多，点与点连接而成的线越织越密，网络空间就逐步形成了。

如果将网络空间中的这些“点”抽象成“人”，那么这些“线”显然就是人与人之间的“关系”，而形成这些关系的动因就是人们为满足对不同资源信息需要的渴求而产生的交互。当计算机技术的革新实现了网络空间中的“点”在获得越来越多的需要满足的同时，也为网络中其他“点”的需要提供了满足，网络中的交互活动开始越来越频繁，由交互而产生的关系也越来越复杂，网络空间的结构就此开始

①王思斌．社会学教程[M]．北京：北京大学出版社，2003：32.

了其社会化的渐进历程。

一、社会结构的基本范畴

社会结构是社会学中一个极为重要的概念，它既能反映静态社会存在的即时状况，又能昭示动态社会发展的变迁趋向。因而，社会结构的形式与特质是鉴识一种社会形态的基本指标和重要内容。

1. 结构的社会

在古今中外的文字记载中，关于“社会”一词的记载和使用都甚为常见。在我国，由于古籍文献浩如烟海、汗牛充栋，且新的资料不断被发现，社会一词具体起于何时何文很难明确，但大体可以分为两大阶段：

第一，分而用之阶段。唐朝以前关于社会一词是分而用之的，两者在具体指向上并不相同。“会”一般为“聚”“合”之意，如《左传·昭公三年》记载：“令诸侯三岁而聘，五岁而朝，有时而会，不协而盟”①，意指“聚、在一起”。而“社”的意义更为多样和复杂，主要用作与祭祀相关之处。如《荀子·礼论》：“故社，祭社也”②，这里的“社”为土地神之意；《礼记·祭法》：“王为群姓立社，曰大社。王自为立社，曰王社。诸侯为百姓立社，曰国社。诸侯自为立社，曰侯社。大夫以下成群立社，曰置社”③，这里的“社”有祭祀、神授土地之意；《礼记·祭义》：“建国之神位，右社稷而左宗庙”④，则指土地神或祭祀用的地方。

第二，合二为一阶段。据文献记载，中国自唐朝开始将“社”“会”两字作为一个词语连用，多指具有相同或相似目的的人聚合于一地进行活动⑤。如《旧唐书·玄宗本纪》（卷八）：“礼部奏请千秋节休假三日，及村闾社会”，其中“社会”意为“村民集会”；宋代孟元

①杨伯峻．春秋左传注[M]．北京：中华书局，1990：1232.

②北京大学《荀子》注释组．荀子新注[M]．北京：中华书局，1979：328－329.

③李学勤．十三经注疏[M]．北京：北京大学出版社，1999：1304－1305.

④李学勤．十三经注疏[M]．北京：北京大学出版社，1999：1344.

⑤郑杭生．社会学概论[M]．北京：人民出版社、高等教育出版社，2011：71.

老[①]所著的《东京梦华录·秋社》中有："八月秋社……市学先生预敛诸生钱作社会，以致雇请祗应、白席、歌唱之人。归时各携花篮、果实、食物、社糕而散。春社、重午、重九，亦是如此"[②]，这里的"社会"是指旧时秋季祭祀土地神的聚会。综上，虽然在具体意义上所指各有不同，但无论是"社""会"，还是"社会"，都蕴含着"多人""聚合"之意。这一点与现代意义上的"社会"概念在构成形式上具有一定的契合之处：都强调"众人"的集合。

自人类历史跨入近代以来，西方涌现出诸多的社会学流派和社会学家，他们都从自身的角度诠释着对"社会"的认识，试图解释当时、乃至以后的社会现象和问题。如德国社会学家马克斯·韦伯（德语：Max Weber，1864—1920）认为：社会是指由理性驱动而产生的社会关系[③]；法国社学家埃米尔·涂尔干（法语：Émile Durkheim，1858—1917，又译为杜尔凯姆或迪尔凯姆）则指出：社会是一种社会成员共同拥有的"集体意识"[④]；而在意大利社会学家维弗雷多·帕累托（Vilfredo Pareto，1848—1923，又译作帕雷托）看来，社会是一个相互依赖、相互作用的各种要素组成的系统。

虽然各个流派，不同的社会学家在对社会概念的认识上各有差异，存在着唯名论与唯实论、结构论与功能论等争议，但大多数社会学家在社会构成的形式和特质上却大同小异。他们都认可社会成员的群体性，正所谓"孤木不成林"，即社会不是由单一个体或彼此孤立的社会成员组成的，而是社会成员之间关系的总和。郑杭生教授将社会总结为："社会是人类的共同体，个人是社会的基本单元，社会则是个人组成的共同体。"[⑤]这一共同体的组织性明确昭示了社会是结构的社会，结构是社会形成与发展的基本形态和衡量标志。

①孟元老，原名孟钺，号幽兰居士，生卒年不详，北宋文学家，著有笔记体散记文《东京梦华录》一书，书中主要按时间顺序描绘了北宋都城东京开封在朝廷典礼、岁时节令、风土习俗、手工业作坊、商业、文化、物产、交通等情景，被作为研究北宋都市经济、文化、生活方面的重要资料。

②孟元老．东京梦华录全译[M]．姜汉椿，译注．贵阳：贵州人民出版社，2009：158.

③马克斯·韦伯．社会学的基本概念[M]．胡景北，译．上海：上海人民出版社，2000：65.

④周晓虹．西方社会学历史与体系：第1卷[M]．上海：上海人民出版社，2002：250.

⑤郑杭生．社会学概论[M]．北京：人民出版社、高等教育出版社，2011：71.

2. **社会的结构**

如果说社会是结构的社会，那么社会的结构是什么？如何从形式和特质两方面深入理解社会结构的内涵成为把握网络空间社会化的重要前提。而要理解社会结构的内涵首先要从结构一词的内涵说起。

结构一词的学科应用最早出现在自然科学领域中，如在建筑学中是指建筑物的主体框架；在数学中反映的是事物的序列模型；在生物学中则突出生物体的组织系统等。近代人文社会科学兴起之后，这个概念的应用更加广泛。如在文学中，结构意为作品的布局；在语言学中又强调语言的符号组成，等等。可见，虽然在不同学科领域中，结构的具体内容有所差异，但从结构本身的存在和发展状态来看，“结构”一词必然蕴含着以下两大前提和结果。其一，构成要素在形式上的多样性，简言之就是结构的构成要素必须是两个以上的多数。显而易见，要想形成结构，在结构的构成要素上必然要体现群体性，一个或单一类型的事物是无法形成结构的。这就如同“一个巴掌拍不响”。其二，构成要素在特质上的系统性。简言之就是结构的这些构成要素之间、同一构成要素的不同组成部分之间应体现相互的关联性，而不是孤立、杂乱、松散、简单堆砌或相加的。

同样，在社会学领域中，社会结构的存在和发展也应具备构成要素的形式多样性和特质系统性两方面要求。

其一，构成要素的形式多样性。这里的多样性既要求社会的构成要素在类别上的多种性，也要求同一类构成要素在数量上的多个性。如我国著名社会学家、社会心理学家孙本文教授将以气候和地形为代表的地理要素、以人口数量和质量为代表的生物要素、以环境为代表的心理要素和以文化物质和模式代表的文化要素作为社会的基本构成要素，以强调社会构成要素的多种性；而结构功能主义的主要代表、美国著名社会学家塔尔科特·帕森斯（Talcott Parsons，1902—1979）在社会系统理论中指出：社会系统由彼此之间相互联系的众多个体行动者组成，以突出人这一社会构成要素上的多数性。

其二，构成要素的系统性。这里的系统性既是对社会和构成要素之间关系的整体性要求，也是对不同构成要素之间、同一构成要素的不同组成部分之间的层次性要求。从社会的整体角度看，社会系统与各构成要素应是整体与部分的关系。正是各构成要素在作用上的相互协同、相互竞争的对立统一，才形成了作为一个整体的社会结构系统，在此意义上，社会就是各构成要素的总和。这时，社会结构是一个相对稳定的整体系统。从社会的建构角度看，由于社会系统中的不同构成要素之间、同一构成要素的不同组成部分之间在功能上的相互补充、相互冲突的对立统一，才形成了一个层次分明的社会结构系统。在此意义上，社会就是多层次的建构。这里的层次并不仅仅意味着差异，更是结构上的关联。此时，社会结构表现为一个相对发展的层次系统。

正是结构形式与特质上的统一性在社会中的作用，才形成了丰富多彩、不断发展的社会。作为社会存在和发展形态的标识，在社会结构上必须具备构成要素形式上的多样性和特质上的系统性两大特征。它是分化和整合的统一，也是多样性和系统性的统一。正如被誉为"社会达尔文主义之父"、社会唯实论的代表人物、英国社会学的缔造者赫伯特·斯宾塞（Herbert Spencer，1820—1903）给社会所下的定义一样："社会是一个天然的结构，在这个结构中，它的所有机制，政府的、宗教的、工业的、商业的等都在其中，且彼此相互的依靠着——一个具有有机意味的结构。"①

二、网络空间结构的社会化

相关科学技术的研发和应用使网络空间的容量越来越大，参与的人（以人机结合的形态存在）越来越多，涉及的社会性要素也越来越复杂，这为网络空间的社会化提供了形式上的可能，而基于需要满足的不断提高，网络空间结构的社会化特质也越来越显著。

1. 网络空间结构形式的社会化

网络空间结构形式上的社会化是指网络空间中逐步形成了多样性的社会构成要素，这一形式的发展和形成为网络空间结构的社会化提供了有力的基础支撑。如第一章所述，科学技术的进步是网络空间形

①(英)赫伯特·斯宾塞．国家权力与个人自由[M]．谭小勤，译．北京：华夏出版社，2000:75.

成和发展的基石，而在网络空间结构形式的社会化进程中，科学技术同样起到了至关重要的作用。

关于社会的构成要素到底有哪些，在社会学中一直是一个众说纷纭的话题。我国当前的社会学界，普遍认同的是郑杭生教授提出的人口、资源、环境、文化四大类别的构成要素。以下就从这四大类别的社会构成要素来探究网络空间结构形式的社会化进程。

其一，网络空间人口要素的社会化。人口在形式上一般与“数量上的多少”相连而作为社会存在和发展的基本标识。基于此，社会学中的人口要素往往被界定为“社会存在的基本前提之一，任何社会，都是由人构成的社会”①。因而，网络空间形式的社会化首先就是网络空间人口要素的形成与发展，也就是在网络空间中形成“人”的规模。对此，如前所述，计算机技术的不断发展和应用，使能够参与网络互动的要求越来越低，网络中的人口数量越来越多、规模越来越大。甚至可以说，网络空间一经形成，在人口要素形式上的社会化要求就已得到了满足。

其二，网络空间资源要素的社会化。资源在形式上一般与“种类上的丰缺”相连而表现为社会存在和发展的基本保障。在社会学中，可资开发和利用的资源程度往往被视为社会存在和发展的潜力，并将之分为有形的物质和无形的精神两大相互作用的方面。对此，在网络空间中，随着信息技术的发展和应用，无论是有形的物质还是无形的精神都成功地被“克隆”到网络之中，以网络信息的形式（即资源信息化）而存在，并且开创了资源交互的全新模式和层次。人们参与网络的主要行为目的之一是获取网络资源信息。在此意义上，网络空间资源要素形式的社会化也早已实现甚至超越了现实社会。

其三，网络空间环境要素的社会化。环境在形式上一般与“周围上的宽窄”相连而被当成社会存在和发展的基本要求。在社会学中，环境更多地表现为时空范畴内的各种因素的总和，即一定时间和空间中各种环境因素与人之间的相互作用和影响。对此，在网络空间中，随着人机交互技术的发展和应用，现实社会中的各种环境因素被形象

①郑杭生．社会学概论新修：精编版[M]．北京：中国人民大学出版社，2009：71.

地模拟在网络中，人们通过人机交互技术可以真实地感受到各种环境因素的影响。同时，现实社会环境的各种问题也对应地在网络中出现，并呈现出新的趋势和变化。可见，伴随着网络空间的形成，网络空间环境要素在形式上的社会化也逐渐形成。

其四，网络空间文化要素的社会化。文化在形式上一般与“特色上的此与彼”相连而被用作社会存在和发展的基本区别。在社会学中，文化往往是人类社会与动物世界之间、人类群体与群体之间区分的重要标志。在区分人类社会与动物世界之间时，文化表现为有与无；在区分人类群体与群体之间时，文化表现为种和类。对此，相比于现实社会，在网络空间中，随着通信技术的开发和应用，文化的多样性和差异性在网络中得到了充分的体现，并且相互之间的作用和影响日益激烈。在此背景下，网络空间文化要素在形式上的社会化和文化作用于网络空间参与者的群体分化与时俱进。

2. **网络空间结构特质的社会化**

网络空间结构特质上的社会化就是在网络空间中各种社会化的构成要素之间形成密切关联、相互作用的社会系统。这一特质上的形成与发展是网络空间结构社会化的重要标志，进一步提高了网络空间的社会化程度。

马克思主义在其社会发展理论中所强调的“人本身是人的最高本质”[①]这一论断，直接指明了“人”在社会存在和发展中的关键作用，即“人是人类一切行为的最高原因和最高目的，是衡量一切事物的基本标准”[②]。因而，于本质而论，社会的发展其实就是人的发展，社会化归根到底就是人的社会化。在网络空间中，所有构成要素的社会化都是围绕人口要素的社会化而展开。也就是说，网络空间结构特质上的社会化在网络空间构成要素形式上的社会化过程中也同步展开了。网络空间结构的社会化从一开始就是以系统的形式进行的，系统性特质是网络空间结构社会化的客观存在。

其一，网络空间构成要素的整体性社会化。网络空间中，各种构

①马克思恩格斯选集：第1卷[M]. 北京：人民出版社，1995：246.

②周云清. 新编社会学大纲[M]. 武汉：武汉大学出版社，2004：47.

成要素在各自社会化的同时，由于彼此之间的相互关联性决定了其社会化过程和结果的整体性。同样以人口、资源、环境、文化四大构成要素在网络空间中的社会化为探究对象。在网络空间中，人口要素、资源要素、环境要素、文化要素之间是相互依存、相互交织的整体。如网络人口本身就是网络资源、网络环境、网络文化的有机组成部分，网络人口是网络资源的人力资源方面、网络环境的人文环境方面、网络文化的人类文化方面，网络人口表现为与网络资源、网络环境、网络文化相同的客体而存在。反过来，网络资源是网络人口的资源，网络环境是网络人口的环境，网络文化是网络人口的文化，网络人口又表现为与网络资源、网络环境、网络文化相同的主体而存在。这里，网络人口的主客体统一性清楚地表明了四大构成要素的整体性。正是四大构成要素的相互存在、共同作用，才推动了网络空间的整体社会的存在和发展。正如周云清教授指出的：社会各要素相互促进，保持一定的和谐关系，社会才能够协调发展，而这一协调一旦被人们所破坏，就会出现诸多社会问题[①]。

其二，网络空间构成要素的层次性社会化。网络空间中，各大构成要素之间功能和作用的差异导致其在结构上的地位层次性。同样以人口要素、资源要素、环境要素、文化要素为例。在网络空间的四大构成要素中，人口要素居于核心地位。这是因为网络文化、网络资源、网络环境都是依附于网络人口才能发挥其存在的作用和价值。如网络资源是保障作为网络人（人口满足社会在数量、质量和结构等方面的要求后，人口要素即成为人的要素）的生存和发展的物质前提，正是通过满足网络人生存和发展的需要，网络资源才不断地被网络人引入网络空间，并促进网络人之间的交互，推动网络人的社会化；网络环境是网络人生存和发展的空间基础，正是因为网络人的活动，网络环境才得以社会化，网络空间也才成了人的社会；文化要素是区分人的社会化结果的重要标识，正是由于网络人对网络文化的创造和传承，网络人才形成了具有不同文化分野的群体，网络文化也才因此表现出多样性的社会特征。这里的网络文化多样性并非造成网络人群之

①周云清．新编社会学大纲[M]．武汉：武汉大学出版社，2004：23.

间的绝对对立，更多的是既推动了不同文化分野的网络人之间的交流与交融，同时又强化了在同一文化背景的网络人群内部的归属和认同。在此意义上，网络空间是层次性的结构社会，正如郑杭生教授所言："人是社会系统最基本的要素，没有人也就无社会可言"[①]。

第二节　重塑：网络主体角色的社会化

网络主体角色的社会化是指网络中的参与者逐步具备社会主体角色的形式与特质的过程。如果说网络空间结构的社会化是网络空间成为网络社会的基本标准和重要标志，那么作为网络空间的参与者——"人"（以人机结合的形态存在）具备社会主体角色的形式与特质就是网络空间成为网络社会的直接动因和关键。这是因为，人是社会最基本的构成要素。由于在承担作用和发挥功能上的差异，在社会系统中，社会化的个体总是扮演着不同的社会角色。相同或相近社会角色的个体组成社会群体，社会群体构成社会系统。在此意义上，网络的社会化进程也就是网络主体角色在形式与特质上的社会化过程，其流程可以表述为：网络社会个体角色→网络社会群体角色→网络社会系统。

这里需要指出的是，由于参与网络中的个体首先是现实社会的人，因此他们在参与网络之前就具备一定的现实的社会角色。从根本上说，网络主体角色的社会化其实是网络主体在原有社会角色基础上的重塑。这一重塑的过程，在现代社会学理论中被称为"继续社会化"。

一、社会角色的基本范畴

社会角色同样是社会学中的基本概念和重点研究对象之一，它在社会系统中起着实现自我认同和群体认同的关键作用。因此，个体角色的社会化既是社会形成和发展的基本标志之一，同时也推动其所生存与发展空间的社会化。

这里的个体角色的社会化进程既是"世界是普遍联系、发展的客观物质"这一辩证唯物主义观的体现，也是对马克思主义认识论中

①郑杭生．社会学概论新修：精编版[M]．北京：中国人民大学出版社，2009：70.

“人是认识世界和改造世界的主体”实践观的彰显。

1. **角色的社会**

马克思主义社会学提出了“人们交互产物”理论。一方面，从宏观的角度阐明了社会结构对于社会形成与发展的意义，即在宏观的视角下，作为社会构成要素最基本单元的“人”以及由人产生的交互关系是抽象的，属于客观存在的范畴，这是马克思主义唯物论在社会领域中的反映；另一方面，这一理论又揭示了社会形成与发展的微观状态，即从微观的角度看，社会的形成与发展是具体的，属于运动变化的范畴。这决定了作为社会构成要素最基本单元的人以及由人产生的交互关系也是具体多样的。这也是马克思主义关于世界是联系的、运动的、变化的、发展的辩证法在社会领域中的具体体现。马克思主义认识论的实践观告诉我们，人是认识世界和改造世界的主体，即在社会的联系、运动、变化、发展过程中，具体的人就是社会的主体。在此意义上，人的具体多样性就成了社会形成与发展的重要支撑。

对于作为社会主体的人的具体多样性，中外社会学家进行了广泛深入的研究。如在社会形态的探究中，德国的现代社会学奠基人之一的斐迪南·滕尼斯（Ferdinand Tonnies，1855—1936）就从血缘、地缘以及业缘的角度将社会类型分为：共同体（德语为Gemeinschaft）和社会（德语为Gesellschaft）[①]，强调作为社会主体的具体多样的人（群）与人（群）之间的相互区别和联系，如宗族、同乡和农民等。而在涂尔干看来，社会是从机械团结[②]形态向有机团结[③]形态的转型和变迁。在机械团结阶段，社会分工的低端化决定了人（群）与人（群）之间是用强制性的手段来压制诸如价值观念、行为规范、宗教信仰等多样性来维系同一性；在有机团结阶段，日益复杂的社会分工

①斐迪南·滕尼斯提出“共同体”和“社会”这一对概念，参见：斐迪南·滕尼斯. 共同体和社会[M]. 北京：商务印书馆，1998：58. 费孝通先生从具体的中国基层传统社会的角度将之译为：礼俗社会和法理社会，参见：费孝通. 乡土中国[M]. 北京：北京出版社，2005：7. 而郑杭生教授则将之译为公社社会（Community）和社团社会（Association）。参见：郑杭生. 社会学概论新修：精编版[M]. 北京：中国人民大学出版社，2009：85.

②（法）埃米尔·涂尔干. 社会分工论[M]. 渠东，译. 北京：生活·读书·新知三联书店，2000：68.

③（法）埃米尔·涂尔干. 社会分工论[M]. 渠东，译. 北京：生活·读书·新知三联书店，2000：104.

导致人（群）与人（群）之间的多样化，但这一多样化却强化了人（群）与人（群）之间相互依赖的同一性。西方社会学家们关于社会形态的论述虽然或多或少地存在着偏颇之处，但他们都认同社会具体的形成与发展进程具有基于具体多样性基础上的同一性，而作为社会的主体的人在具体社会活动中具有相互区别的多样性。

这一观点既彰显了马克思主义哲学的辩证统一规律，也在社会学和社会心理学的角色理论研究中得到了持续的验证。如美国人类学家、结构角色论的代表拉尔夫·林顿（Ralph Linton，1893—1983）认为，社会就是由扮演各自角色的个体组成的网络，而角色又取决于各种各样相互联系的位置或地位。也就是说，在具体的社会活动中，作为个体的人既有相互差异的多样性的“角色”，又具有同一性的“角色”。在此基础上，社会心理学将角色理论引申为“人格”（我国的心理学称之为性格）理论，认为人格是一个人区别于他人的稳定的心理品质，是一个人思想、情感及行为的统一体[①]。

在社会心理学看来，人格的形成与发展实质上就是个体社会化的过程，是个体在先天遗传因素和后天社会环境因素的共同作用下形成符合社会需要的内在心理模式和外在行为模式的过程。这里的内在心理模式是以价值观念为核心的内化的心理倾向，外在的行为模式则是在心理倾向指导下所表现出来的外显的行为特征。人格就是内化的心理倾向和外显的行为特征的统一体。由于先天遗传因素和后天社会环境因素相结合的影响作用的不同，个体所形成的人格也是具体多样的（社会心理学中称具体多样的人格为“个性”），这时，人格表现为个体区别于他人的思想、情感及行为等心理品质和行为特征；而当个体所面临的是相同或相似的先天遗传因素和后天社会环境因素影响作用时，人格即表现为同一性，表现出符合社会要求的同一的价值观念、情感归属和行为规范等心理品质和行为特征。

综上可见，从微观角度看，社会就是具体角色的社会。只有人形成了一定的角色，才是社会的人、社会的主体，这也就是人的社会化过程。正如有学者所言：“从某种意义上讲，社会化过程也就是社会

①沙莲香．社会心理学[M]．北京：中国人民大学出版社，2002：350．

角色的学习过程”[①]。因此，角色也是社会形成与发展的基本内容和衡量尺度。

2. **社会的角色**

如果说社会是角色的社会，那么，作为社会主体的人到底以什么样的角色作用于社会的形成与发展呢？为了解释这一问题，社会学家在“角色”一词的基础上提出了“社会角色”的概念。因而，从形式与特质两方面了解社会角色在社会的形成与发展过程中的作用，成为从主体的角度把握网络社会化的重要内容。

角色（Role）概念的最典型运用是在戏剧方面，意指在舞台上由演员所饰演的一定人物形象，并区别于其他类型的扮演对象。如我国五大戏剧之一的京剧中就有“生、旦、净、末、丑”等角色之分；西方戏剧中也有“神、魔、人、兽”等各种形象。角色在戏剧中的运用和表现蕴含了两层相互统一的含义和内容：一是形式上的多样性。这要求角色的构成形式一方面在数量上应具有多个性，另一方面在类型上应具有多种性。俗话说“三个女人一台戏”，“三个”和“女人”就是数量和类型上的表现。二是特质上的差异性。这要求角色的构成内容不仅应具有异质性，同时也应具有同质性。俗话说“红花得绿叶配，好角得众人扶”，这里的“红花”与“绿叶”、“好角”与“众人”之间是异质的，“红花”与“好角”、“绿叶”与“众人”之间是同质的。多个性与多样性、异质性与同质性之间是相对的，是互为前提和基础的。多个组成了一种类型，而多种类型又形成了更多个。如在“多个”女人的基础上可以组成“一种”女人的类型，而“多种”女人的类型又是“更多个”女人。同样，异质与异质、异质内部之间可以存在同质性，同质与同质、同质内部之间也存在着异质性的方面，如“好角”与“好角”之间不可能完全相同，“好角”与“众人”又在“人”的方面具有同一性。

正是角色的多个与多种、异质与同质之间相互交织、相互作用，才形成了复杂多样的社会。正如欧洲文艺复兴时期，英国伟大的戏剧家、诗人威廉·莎士比亚（William Shakespeare）在四大喜剧之一的

①周云清．新编社会学大纲[M]．武汉：武汉大学出版社，2004：87．

《皆大欢喜》（原著名为：《As You Like it》）中写道："全世界是一个舞台，所有的男人和女人都是演员，他们各有自己的进口与出口，一个人在一生中扮演许多角色。"[①]

在社会学领域中，形式上的多样性和特质上的差异性两者的综合及多样性中多个与多种、差异性中同质与异质的相互影响，使角色具备了社会主体的作用和价值。由此，社会学家们在形式上的多样性和特质上的差异性角色理论的基础上，形成了"社会角色"的概念，并以此作为在社会主体方面探究社会存在与发展的基本内容和衡量尺度。

具体而言，作为标识社会形成与发展的主体方面的社会角色应包含：

其一，形式上多个与多样相结合的组成状态。对此，要想形成社会角色，一方面，与社会结构中的人口要素同理，社会角色要建立在一定数量的人的基础之上；另一方面，社会角色要形成不同的类型，如果都是"女人"或"好角"，显然"女"与"好"就失去了存在的意义和价值，也就无所谓社会角色和社会的形成与发展了。

其二，特质上异质与同质相统一的建构内容。对此，要形成社会角色，一方面，社会角色的内容要在个体和群体上突出与其他个体和群体的不同，体现相对的异质性，即社会角色个性方面的形成与发展。在此意义上，社会角色就是"一个人或多个人的行为特点"；另一方面，社会角色的内容要符合一定社会对人们的整体规范和要求，要体现相对同质性，即社会角色共性方面的形成与发展，在此意义上，社会角色就是"人们对于处在特定地位上的人们行为的期待"[②]。

这里需要强调的是，多个与多种、异质与同质都是建立在对比基础上的，只有如此，社会角色之间才能形成交互意义上的社会关系，也才能彰显社会角色在社会形成与发展中的价值和作用。以戏剧中的具体人物角色为例，纵观古今中外的戏剧（包括近现代的影视文学作

①(英)莎士比亚．莎士比亚四大悲剧[M]．孙大雨，译．上海：上海译文出版社，2006：139.

②郑杭生．社会学概论[M]．北京：人民出版社、高等教育出版社，2011：70.

品等），其中具有强大的生命力，以文化的形式永载史册的无不是突出了角色之间的对比性。如在我国，正是有了白脸的曹操、红脸的关公、黑脸的张飞等反差巨大的经典角色形象，《三国演义》才喜闻乐见、脍炙人口；在国外，正是有了悲剧的哈姆雷特（Hamlet）和阴险的克劳迪斯（Claudius），有了美丽纯洁的爱斯梅拉达（Esmeralda）、丑陋但善良的卡西莫多（Quasimodo）和道貌岸然的克洛德·弗罗洛（Claude Frollo）等对比强烈的经典角色形象，《哈姆雷特》[①]《巴黎圣母院》[②]才闻名于世、广为流传。

二、网络主体角色的社会化

网络主体是指以人机结合的形态存在并参与网络活动中的现实社会的人。这里的网络主体首先是现实社会的主体，是社会化了的现实社会的人，具备了现实社会角色的形式与特质。据此，网络主体角色的社会化就是以其现实社会角色为基础，逐步形成新的适合网络环境的社会角色的形式与特质过程。伴随着网络主体角色社会化的过程，网络本身也开始了其社会化的进程，即网络逐步具备了社会的形态。

1. 网络主体角色形式的社会化

网络主体角色形式的社会化是指网络主体（即网络的参与者）在其所具备的现实社会角色形式的基础上形成网络环境下社会角色形式的过程，即网络主体满足了社会角色在数量和类型上的要求的过程。

其一，网络主体数量的多个性。随着网络技术的不断发展，影响网络发展的网速太慢和收费太贵问题逐步得以解决，网络普及化程度日益提高。现实社会中的人通过计算机、手机、移动设备等各种方式连接入网变得方便、快捷，这大大增加了网络主体的数量。仅以我国为例，自 1997 年 12 月，中国互联网络信息中心（China Internet Network Information Center，简称为 CNNIC）发布《第一次中国互联网络发展状况调查统计报告》，开始统计我国网络主体（调查统计报告中

①原版名为英文：The Tragedy of Hamlet, Prince of Denmark，意为丹麦王子，悲剧的哈姆雷特。

②原版名为法文：Notre—Dame de Paris。

称为：网民）的规模，到2014年7月发布的《第34次中国互联网络发展状况统计报告》17年间的统计数据显示，我国网络主体的数量一直呈现出逐年递增、高速发展的态势，这为网络主体角色的多样化奠定了数量上的基础。

其二，网络主体角色类型的多种性。一方面，现实社会不同角色类型的影响作用造就了网络主体角色类型的多种性。以人机结合形态存在的网络主体是以现实社会中的人为基础的。因而，网络主体在网络活动中的行为必然有着他们在现实社会中相对应的社会角色的烙印。如现实社会中的教师与学生，两者在参与网络活动时，其行为必然受到他们在现实社会中因各自角色类型的影响而有所不同，网络主体角色的类型也因此表现出多种性。另一方面，新的网络环境的作用导致了网络主体角色类型的多种性。与现实环境不同，网络环境有其自身的特点，在此作用下，网络主体角色类型的具体表现也会发生相应的变化。如现实社会中的教师在网络中既可以扮演教师，也可以扮演学生，网络主体角色的类型是多种的。正是网络主体数量上的多个性与网络主体角色类型上的多种性的共同作用，网络主体具备了社会角色的形式，也为网络的社会化提供了角色形式上的可能。

2. 网络主体角色特质的社会化

网络主体角色特质的社会化是指网络主体在其所具备的现实社会角色特质的基础上逐步形成网络环境下社会角色特质的过程。在现代社会学理论中，社会角色在具体内容上主要包括在先天遗传因素和后天环境因素共同作用下内化的与其身份地位相符合的权利、义务等社会规范和外化的与社会规范相对应的行为模式①。

对此，网络主体要具备社会角色的特质，实现自身的社会化，并推动网络的社会化，即网络主体要形成内化的与其身份地位相符合的权利、义务等社会规范和外化的与社会规范相适应的行为模式，且在先天遗传因素和后天环境因素的共同作用下表现出异质和同质的相对差异性。具体而言：

其一，网络主体角色的异质性。一方面，如前所述，网络主体的

①郑杭生．社会学概论[M]．北京：人民出版社、高等教育出版社，2011：118—119.

现实社会来源决定了网络主体角色的内容必然包含其在现实社会中所形成的社会规范和行为模式等社会角色内容。而由于先天遗传因素和后天生活环境的作用差异，现实社会的社会角色在内容上是不同的。当现实社会中的人成为网络主体后，这些差异的影响不可能完全消除，如在儿童和成人、男性与女性等现实社会角色的差别之间，他们外显的网络行为模式必然不会完全相同。另一方面，新的网络环境使网络主体在形成的社会规范和行为模式上更为自由和灵活，这导致网络主体之间角色内容更多、更大的异质性，如网络的匿名性就使网络主体在遵守网络规范和行为模式选择上可以做到很大程度的“肆无忌惮”。

其二，网络主体角色的同质性。网络全新的环境在造成网络主体更为突出的角色异质性的同时，也并非任由网络主体“随心所欲”。一方面，在网络社会中，诸如遵纪守法、恪守诚信等社会规范和价值理念得到了越来越多网络主体的认同，网络行为的有序化日益成为网络主体的共同要求，网络主体角色的同质性要求从来都没有消失过。另一方面，网络技术的进步使网络主体的行为模式越来越个性化、异质化的同时，也为对网络主体的行为模式进行有效约束和管理提供了可能性，如定位技术、实名登陆等。

由网络主体角色在内容方面的异质性和同质性导致的相对差异性，使网络主体逐渐形成了社会角色的特质，这与网络主体角色形式上的形成相结合就是网络主要角色的社会化进程，即网络主体逐渐成了网络社会的主体，网络逐渐演变为一种具有新意义的社会形态。

结语

关于网络是否能称为一种社会形态问题的激辩长期存在，这不仅不是对网络社会性的否定，相反，恰恰表明网络社会性的发展。这里将网络空间的社会化与网络主体的社会化、网络空间结构的社会化与网络主体角色的社会化分开阐述，并非将两者割裂开来，更不是将两者对立。因为网络空间是网络主体的空间，网络主体是网络空间的主体，两者密切相关、相互作用，共同存在于网络社会的形成与发展之中。之所以选择结构和角色这两个点来阐述网络的社会化进程，主要因为两点：一是从社会学的角度看，结构和角色是人们交互的产物、社会的最基本要素和最核心标识，有利于理解和把握社会的形成与发展的历程；二是相较于网络社会中的社会主义核心价值观认同，网络空间的社会结构和网络主体的社会角色及其社会化的实现过程是推动价值观认同的关键因素，是有利于选择和找准实现网络社会中社会主义核心价值观认同的正确方式和路径。

第三章　定制:网络社会的概念

如果“网络社会”的概念成立,那么它是什么?又如何正确地理解和把握它呢?

如第二章所析，网络的社会化趋势是客观的、不以人的意志为转移的，是随着网络主体角色和网络空间结构的社会化进程持续进行着的，即网络形成了一种社会的形态。这一点正得到越来越多的专家学者的认同。但接踵而至的问题是：如果网络是一种社会，那么它到底是什么样的社会？我们如何给这一社会形态一个恰当的“概念”呢？

“概念”是人们认识事物的一种基本思维形式，在现代汉语词典中将其表述为：“反映事物的一般的、本质的特征”[①]。也就是说，它作为一个完整的概念应包含内核和外延两大层次的内容：在内涵上，概念是人们对于该事物本质特征的抽象和概括，是建立在人们对该事物的分析和综合基础上的判断；在外延上，概念是人们对于该事物所涉及的具体范围的鉴别和明确，是建立在人们对该事物的比较和分类基础上的判断。两者统一于人们对事物的认识状态。

在兴起于西方近代的现代学科理论中，界定事物的概念是科学研究的基本模式之一。正如中国近代著名的思想家、教育家梁启超先生就曾有言：“大抵西人之著述，必先就其主题立一界说，下一定义，然后循定义以纵说之，横说之。”

对于由“网络”所形成的新的社会形态——“网络社会”（姑且如此命名），人们的研究和探讨正是从概念界定的尝试开始的。而具

①中国社会科学院语言研究所词典编辑室. 现代汉语词典[M]. 6版. 北京：商务印书馆，2012：418.

体研究和探讨的内容也正是概念的两大层次：网络社会的内涵和网络社会的外延。前者主要表现为对网络社会名称的激辩，后者则主要从网络社会与现实社会的比较中来鉴别网络社会的范围定位。对此，全面考察网络社会概念研究的发展历程，有助于我们更为深入地认识和把握网络社会的本质，并为在网络社会中实现社会主义核心价值观的认同奠定了基础。

第一节　商榷:网络社会的内涵

内涵，“逻辑学上指一个概念所反映的事情的本质属性的总和,也就是概念的内容”[①]，据此，内涵界定的恰当与否显然反映着人们对事物本质特征认识的准确与否，即人们主观理解的内涵应准确体现客观事物的本质特征。当前，人们对于网络社会内涵的认识主要表现在对其名称的界定。

一、名称的激辩

关于网络社会概念的认识似乎可以说是以网络社会名称的激辩为起点而展开的。早在战国时期，齐国著名的哲学家尹文就曾指出：“名称者，别彼此而检虚实者也。自古至今，莫不用此而得，用彼而失。失者，有名分混；得者，由名分察。”[②]虽然尹文的本意是用不同的名称来区别绝对的好人或坏人、“圣贤仁智”或“顽嚣凶愚”、善或恶，为君王治理国家提供策略，有绝对主义的局限，但他在一定程度上道出了“名称”所具有的区别“彼”而明确“此”的标识意义。就如同我们每一个人的姓名一样，它总是具有一定的区别于他人的寓意。或者最起码，它提供了我们分析事物之间相互区别的视角，体现了一事物区别于其他事物的本质特征。关于网络社会名称的激辩正是反映了这一点。

关于网络社会的名称的激辩主要源于网络的诞生地美国，但最早

①中国社会科学院语言研究所词典编辑室.现代汉语词典[M].6版.北京:商务印书馆,2012:938—939.

②高流水,林恒森.慎子、尹文子、公孙龙子全译[M].贵阳:贵州人民出版社,1996:11.

起于何时何人，因相关书籍资料的浩瀚，已无法具体考证。当前处于“仁者见仁智者见智”或“各取所需”的状态。从具体名称的不同角度考察，具有代表性的观点主要有以下三种：

其一，相对于“农业社会”和“工业社会”的“信息社会”。这一观点是由美国著名未来学家阿尔文·托夫勒（Alvin Toffler，1928—）提出的。1980年在其出版的著作《第三次浪潮》（英文书名：The Third Wave）中，托夫勒描绘了一幅围绕“计算机信息技术”而展开的，以“非群体化的传播工具”“智能环境”“越过大量生产阶段”“电子家庭”“新的社会规范”等为特征的未来社会蓝图。托夫勒称这种社会是：“以信息为基础的高度电子化的社会……这种社会的计算机化——叫它信息化更合适”①。

其二，相对于“实存社会”的“虚拟社会”（Virtual Society，现一般译作虚拟现实）。这一观点的主要代表是美国加州大学洛杉矶分校的教授迈克尔·海姆（Michael Heim，1943—2012）。在其1993年出版的《从界面到网络空间：虚拟实在的形而上学》（英文书名：The Metaphysics of Virtual Reality）中，海姆表示虚拟世界是与现实世界并存的，甚至是高于现实世界的思维空间。正如他在书中对于虚拟现实的四方面表现进行的总结：“主动性/被动性”“操纵性/感受性”“从远距离出场”“对现实的强化”②，而网络空间是“编织虚拟实在的巨大电子网”③。

其三，相对于“现实社会”的“网络社会”。持此观点的是美国南加州大学传播学院的教授曼纽尔·卡斯特（Manuel Castells，西班牙名为：Manuel Castells Oliván），他在其1996年出版的闻名世界的《信息时代三部曲：经济、社会、文化》（英文书名：The Information Age: Economy, Society and Culture）的第一卷《网络社会的崛起》（英文书名：The Rise of the Network Society）中将“网络社会”作为其结

①(美)阿尔文•托夫勒．第三次浪潮[M]．朱志焱，译．北京：新华出版社，1996：392.

②(美)迈克尔•海姆．从界面到网络空间：虚拟实在的形而上学[M]．金吾伦，刘钢，译．上海：上海科技教育出版社，2000：130－132.

③(美)迈克尔•海姆．从界面到网络空间：虚拟实在的形而上学[M]．金吾伦，刘钢，译．上海：上海科技教育出版社，2000：139.

论：作为一种历史趋势，信息时代的支配性功能与过程日益以网络组织起来。网络建构了我们社会的新形态，而网络化逻辑的扩散实质地改变了生产、经验、权力与文化过程中的操作和结果。虽然社会组织的网络形式已经存在于其他时空中，新信息技术范式却为其渗透扩张遍及整个社会结构提供了物质基础，网络化逻辑会导致较高层级的社会决定作用甚至经由网络表现出来的特殊社会利益：流动的权力优于权力的流动。在网络中现身或缺席，以及每个网络相对于其他网络的动态关系，都是我们社会中支配与变迁的关键根源。因此，我们可以称这个社会为网络社会，其特征在于社会形态胜于社会行动的优越性[①]。卡斯特用对"网络"的不同诠释界定了"网络社会"是由"新信息技术范式"[②]所形成的网络建构的，并将网络社会提升为一种新的社会形态来看待。

此外，还有加拿大小说家威廉·福特·吉布森（William Ford Gibson）在其小说《神经漫游者》（英文书名：Neuromancer）所创造的"赛博空间"（Cyberspace，在海姆教授的书中将其译为网络空间），美国计算机科学家、麻省理工学院教授尼古拉斯·尼葛洛庞帝（Nicholas Negroponte）在其著作《数字化生存》（英文书名：Being Digital）所提到的"数字化社会"（Digitized Society），美国学者霍华德·莱茵戈德（Howard Rheingold）在其著作《虚拟社区：电子边疆的家园》(英文书名：The Virtual Community：Homesteading on the Electronic Frontier）中所界定的"虚拟社区"等。

在国内，学者们也从不同的视角对网络社会的内涵进行了阐释，如南京大学童星教授从个人—个人、个人—群体、群体—群体、人—物等互动关系的角度阐述了网络社会是一种现实的、全新的"社会存在形式"，是一种自在并实在而并非虚拟的社会存在[③]。重庆市委党校

①(美)曼纽尔·卡斯特．网络社会的崛起[M]．夏铸九，王志弘，译．北京：社会科学文献出版社，2001：569.

②这里的网络并非专指计算机网络(Computer Network)，而是网络状的逻辑结构，这一结构也是现实社会的组成模式，卡斯特称其为"网络化逻辑"，参见：(美)曼纽尔·卡斯特．网络社会的崛起[M]．夏铸九，王志弘，译．北京：社会科学文献出版社，2000：569－577.

③童星，罗军．网络社会：一种新的、现实的社会存在方式[J]．江苏社会科学，2001(5)：116－120.

戚攻教授围绕“信息是以数字的形式交互”这一网络社会的技术本质论述了网络社会是一种“数字化社会关系结构”，是人类生存与发展的“另类空间”，在这个空间中，虚拟是真实的①等。

在此基础上，国内外学者还对网络社会特征的具体表现进行了提炼，如迈克尔·海姆教授总结网络社会特征的七大方面：模拟、交互作用、人工性、沉浸性、遥在、全身沉浸、网络通信②。国内学者对此也作出了诸多回应，如开放性、共享性、匿名性、动态性、独特性、自治性、虚拟性、超时空性、超地域性、智能创新性、一体化特性、虚拟化的文化生存等不一而足。

二、本质的界定

综合而言，国内外关于网络社会内涵的界定是通过与现实社会的比较得出网络社会当前或者未来、已经表现或者可能表现的某一种形态，主要是对网络社会现象的描述。无论是“信息”的社会、“虚拟”的社会，还是“网络”的社会都是基于这一模式来探讨的。而在我国关于网络社会内涵的界定更多地趋向于学理意义上的诠释，如童星教授的“互动理论”、戚攻教授的“交互理论”。

通过对以上国内外学者关于网络社会内涵的论述分析，可以看出：一方面，网络作为一种社会的形态（或方式）已经得到了较为广泛的认同；另一方面，关于如何具体界定网络社会的内涵还存在着一定的分歧。

关于分歧，究其原因主要在于以下两方面：一是由于构成网络社会基石的相关信息技术高速更新而带来的网络社会本身的极速发展，甚至用日新月异都不足以形容其变化的程度。据我国工业和信息化部的统计数据显示：作为移动联网的重要终端，截至2004年12月我国移动电话用户合计33 482.4万（2005年01月21日发布），到2009年12月增长为74 738.4万（2010年01月21日发布），到2014年10月则达

①戚攻．网络社会的本质：一种数字化社会关系结构[J]．重庆大学学报(社会科学版)，2002(1)：148－151.

②(美)迈克尔•海姆．从界面到网络空间：虚拟实在的形而上学[M]．金吾伦，刘钢，译．上海：上海科技教育出版社，2000：113－119.

到127 666万（2014年11月24日发布）。这一数据即使除去计算误差和重复使用，平均每五年翻一番的发展速度也是极为惊人的，尤其是对于我们现在的人口总数而言，移动通信终端基本实现了全员覆盖。发展意味着进步，但极速的发展必然造成网络社会复杂多变的不稳定性，这导致了准确界定其内涵的难度日益加大，简言之就是今天的界定可能到明天就已经不再适合。二是界定标准的不同或分析视角上的差异。就网络这一新鲜事物而言，学者们基于不同的标准界定和从不同的角度分析都有助于丰富人们的认识，但这对于广大非专业研究人员来说，容易产生认识上的混淆乃至混乱。因而，迫切需要确立一个恰当的且能为多数人所公认的界定标准和分析视角。

对此，要保证这一标准或视角的恰当性和合理性，就必须坚持科学的理论指导，在此意义上，就网络社会的内涵而言，至少应包含以下两点：第一，在整体上应坚持对立统一的唯物主义辩证观。马克思主义认为事物是普遍联系和运动发展的，而作为辩证法的实质——对立统一规律揭示了联系的根本内容和发展的根本动力。正如列宁指出的："可以把辩证法简要地规定为关于对立面的统一的学说，这样就抓住了辩证法的核心。"[①]"在任何一个命题中……都可以而且应当发现辩证法的一切要素的胚芽。"[②]因而，在界定网络社会的内涵时应坚持对立统一的规律，辩证地认识网络社会的本质属性。第二，在具体上应突出把握网络社会的本质与现象、整体与部分之间的关系。在马克思主义看来，事物蕴含着内在联系的本质和外在表现的现象，其中本质是事物的根本性质，现象是事物的外在特征，本质决定着现象，这就要求我们在认识事物的过程中应透过现象认清本质。对此，在界定网络社会内涵（即事物本质属性的总和，也就是事物的内涵）时应充分把握其本质，注重网络社会的主要矛盾和矛盾的主要方面。同时，马克思主义认为，事物的存在和发展表现为整体和部分，其中整体包含部分，部分映现整体。在认识事物时既要综合分析整体，又要着重关注部分（尤其是起到决定性的部分）。对此，在界定网络社会

①列宁全集：第55卷[M]．北京：人民出版社，1990：192.

②列宁全集：第55卷[M]．北京：人民出版社，1995：308.

的内涵时应着眼于全局、全面地分析与重点关注、有针对性地分析相结合，既要防止“以偏概全、挂一漏万”，又要警惕“一着不慎，满盘皆输”。

根据以上科学理论的指导，我们认为用“相对虚拟”来界定网络社会的内涵和本质属性是较为恰当的。这是因为：首先，在整体上，相对虚拟既避免了将网络社会的内涵理解为虚拟与实存的绝对对立，又体现了虚拟与实存的相互统一。当前，国内外关于网络社会内涵的界定其实都或多或少地将虚拟与实存对立起来（最起码没有提到相对性的虚拟或虚拟的相对性）①。其次，就具体而言，相对虚拟性既能较为充分地表现出网络社会的本质属性，又能贯穿于网络社会的存在和发展的整个过程之中，体现全面性和针对性。对此，无论是对“信息社会”“虚拟社会”“网络社会”“赛博空间”“数字化社会”“虚拟社区”等不同的解释，还是对“开放性、共享性、匿名性、动态性、独特性、自治性、虚拟性、超时空性、超地域性、智能创新性、一体化特性、虚拟化的文化生存”等特性都能较好地诠释和体现。如“信息社会”的提法中“信息”即具有相对虚拟性：一方面信息在网络社会中的表现形式是虚拟的；另一方面信息又来源或作用于现实社会而具有实存性。同理，虚拟社会的“虚拟”，网络社会的“网络”，赛博空间的“赛博”，数字化社会的“数字化”，虚拟社区的“虚拟”都是如此，如“开放性”特征的“开放”，正是由于网络社会中对现实社会中的国家、民族、身份等界限的相对虚拟而表现出来的，其他特征也莫不如此。

另外，用相对虚拟作为网络社会的内涵和本质属性也能为更多的人所理解和把握。对于网络社会这一特殊的事物，因其广泛覆盖特点，对其内涵恰当地界定，除了要体现以上两方面的理论要求外，还

①我们认为相对虚拟包含“相对性的虚拟”和“虚拟的相对性”两方面内容。其中，“相对性的虚拟”强调网络社会具有一定的模拟性，即网络社会相对于实存的现实社会并不是绝对的虚拟，也不是对现实社会的完全脱离，而是建立在对现实社会的相对依存之中；而“虚拟的相对性”不仅包含“相对性的虚拟”，更强调网络适合具有一定的虚构性。“相对性的虚拟”和“虚拟的相对性”相结合既体现了网络社会的稳定性，又突出了网络社会的发展性。就如同马克思主义关于“运动”和“发展”两个概念的区别。在本章的下一节中有具体的例证。

要考虑为更多的人所理解和接受。毫无疑问，如果让人们用一个词来形容网络社会的话，“虚拟”是当之无愧的选择。在《网络社会中社会主义核心价值观认同的问卷调查》中，关于“用你印象最深刻的一个词语来形容网络”的确定性选择和自主填空一题上，所收集到的2 613份有效问卷里就有2 187份选择“虚拟”一词，占总数的83.70%。

基于以上理由，我们将网络社会的内涵界定为：网络社会是指以计算机及其相关技术为基石所形成的相对于现实社会的相对虚拟的社会形式。

第二节　界域：网络社会的外延

在界定了网络社会的内涵之后，我们再来认识网络社会的外延就相对轻松一点。因为在界定内涵后就等于明确了网络社会的核心层，而外延是围绕这一核心层具体展开的，即通过比较和分类的方式来确定网络社会所涉及的具体范围。

网络社会是极速发展的，但并非无限制地发展，而是可以被认知和把握的。具体来说就是网络社会在存在与发展的维度上处于怎样的一个领域和界限内，也就是关于网络社会的定位问题。要准确定位，首先就需要设立一个参照或标识。对此，基于网络社会相对虚拟的本质特征，作为与网络社会相对应的现实社会无疑是恰当的选择。

一、网络社会与现实社会之间的方法分析

就存在和发展的角度而言，当前关于网络社会的领域和界限相较于现实社会而言，主要有两种观点：其一，网络社会是“独立”于现实社会之外的；其二，网络社会是“依存”于现实社会的。“独立”观点的理由在于网络社会已经是一种全新存在和发展的社会形态，类似于电影《终结者》中所描绘的：未来的网络社会可能演变为由高智能的计算机系统主导，而并非人类，甚至这些计算机系统将反过来控制现实社会。而“依存”的观点建立在网络社会离不开现实社会而存在和发展，它是建立在现实社会之上的，如果脱离了现实社会，网络

社会就失去了存在和发展的基础。

对此，在具体分析网络社会到底是以独立的还是依存的形态存在和发展之前，应先弄清楚两大前提：第一，独立与依存两者的含义分别是什么？第二，基于什么立场来认识独立与依存之间的关系？其中第一点是第二点的前提。

首先，独立与依存两者的含义分别是什么？“独立”在《现代汉语词典》中共有五层含义：一是作为动词的“单独的站立”，如独立山巅的苍松；二是作为动词的“脱离原来所属单位，成立另一单位”，如独立出去；三是作为属性词的“军队在编制上不隶属于高一级的单位而直接隶属于更高一级的单位”，如独立营；四是作为动词的“一个国家或一个政权不受别的国家或别的政权的统治而自主地存在”，如宣布独立；五是作为动词的“不依靠他人”，如独立生活[①]。根据以上解释可见，“独立”一词不管是哪一种解释，都强调两者之间存在和发展的排他性，是一方相对于另一方脱离意义上的质的变化。“依存”是动词，意指：“依附而存在，如矛盾双方相互依存”[②]，而“依附”是指“附着、从属”[③]。也就是说，依存是一方的存在和发展以另一方的存在和发展为前提和基础，强调两者之间的存在和发展是联系意义上的主次之间的关联性。

其次，基于什么立场来认识独立与依存之间的关系？从以上关于“独立”和“依存”的解释上看，在语义上，“独立”和“依存”似乎是相互对立的，两者不存在共通性，有独立就没有依存，有依存就没有独立。对此，如同虚拟与实存的关系一样，科学认识独立与依存之间的关系关键还是在于认识方法是否科学。毛泽东曾指出：“马克思主义者承认，在绝对的总的宇宙发展过程中，各个具体过程的发展都是相对的，因而在绝对真理的长河中，人们对于在各个一定发展阶段

①中国社会科学院语言研究所词典编辑室．现代汉语词典[M]．6版．北京：商务印书馆，2012：320.

②中国社会科学院语言研究所词典编辑室．现代汉语词典[M]．6版．北京：商务印书馆，2012：1532.

③中国社会科学院语言研究所词典编辑室．现代汉语词典[M]．6版．北京：商务印书馆，2012：1532.

上的具体过程的认识只具有相对的真理性。无数相对的真理之和，就是绝对的真理。”[①]毛泽东关于真理的相对性与绝对性的论断为我们指明了关于认识“独立”和“依存”之间关系的科学方法，即需要站在具体分析的立场上来分析“独立”和“依存”之间的关系。这时，我们就能看出，虽然《现代汉语词典》的解释强调了“独立”的排他性，但其实并未拒绝关联性；虽然承认了“依存”的关联性，但也未否认依存的独立性。具体而言，“独立”作为具体指向“山巅的苍松”时，确实相对于“其他山腰、山底的苍松”，它是独立的，但如果没有“其他山腰、山底的苍松”，显然也就无法体现“独立在山巅的苍松”。同理，没有“原来的单位”，也就没有“独立出去的单位”；没有“团、师”，也就没有“独立营”；没有“别的国家和政权”，也就没有“宣布独立的国家和政权”；没有“他人”，也就没有“独立生活的人”，所以“独立”是“相对的独立”。同样，“依附”也是如此。“一方”对“另一方”的依附，并不是就成为了或等同于“另一方”，“附着、从属”并不等于“同一”。“依附”是“相对的依附”。科学认识“独立”和“依存”之间的关系必须具体问题具体分析。正如列宁在阐述真理的具体性时所指出的：“任何真理，如果把它说得‘过火’……加以夸大，把它运用到实际适用的范围之外，便可以弄到荒谬绝伦的地步，而且在这种情形下，甚至必然会变成荒谬绝伦的东西。”[②]

可见，我们在具体分析当前阶段具体的网络社会与现实社会之间的关系时必须遵循这一方法论，这也是辩证认识事物的具体体现。如列宁在《谈谈辩证法问题》一文中所论断的：“要认识世界上一切过程的‘自己的运动’、自生的发展和蓬勃的生活，就要把这些过程当做对立面的统一来认识。”[③]据此认为网络社会和现实社会之间是单纯的“独立”或绝对的“依存”显然都不足以正确地理解网络社会存在和发展的领域和界限。

①毛泽东选集：第1卷[M]. 北京：人民出版社，1991：295.

②列宁文集：第1卷[M]. 北京：人民出版社，1995：172.

③列宁全集：第38卷[M]. 北京：人民出版社，1986：408.

二、网络社会之于现实社会的合理界域

在解决了认识的科学方法问题之后，我们就可以得出网络社会之于现实社会的合理界域就是“相对依存”和“相对独立”的统一的结论。在“相对依存”的意义上，网络社会存在和发展的领域和界限是现实社会的延伸，是依存于现实社会而存在和发展的，是相对性的虚拟；在“相对独立”的意义上，网络社会存在和发展的领域和界限是现实社会的变迁，具备有别于现实社会的新形态，是独立于现实社会而存在和发展的，虚拟的相对性。网络社会存在和发展的领域和界限正是相对于现实社会的相对依存和独立，而不是依存与独立的对立。这就如同“光的波粒二象性”理论对对立统一规律的契合。如同毛泽东在系统阅读了西洛可夫、爱森堡等著的《辩证法唯物论教程》时所批注的：“辩证法就是在对立中把握同一，在同一中把握对立，坚持对立与同一二者是一体的，不可分割开的关系。”①

当我们得出网络社会存在和发展的领域和界限之后，还需要解决的一个问题是：我们的这一结论能否禁得住实践的检验。

首先，就本质而言，关于网络社会相对于现实社会的关系，是人们对于网络社会概念认识的组成部分，即如前文所说它是人们认识事物的一种基本思维形式。对此，列宁曾指出：“从生动的直观到抽象的思维，并从抽象的思维到实践，这就是认识真理、认识客观实在的辩证途径。”②列宁这一论断在表明了基于辩证的立场认识事物的重要性的同时，也强调了实践在人们认识事物的基本过程中所起的关键性作用。而对于这一作用，马克思指出：“人的思维是否具有客观的真理性，这不是一个理论的问题，而是一个实践的问题。人应该在实践中证明自己思维的真理性，即自己思维的现实性和力量，亦即自己思维的此岸性。关于离开实践的思维的现实性或非现实性的争论，是一个纯粹经院哲学的问题。”③

其次，从实践的观点来看，网络社会对于现实社会的相对依存性

①毛泽东哲学批注集[M]. 北京：中央文献出版社，1993：79.

②列宁专题文集[M]. 北京：人民出版社，2009：135.

③马克思恩格斯文集：第1卷[M]. 北京：人民出版社，2009：500.

是指网络社会的构成要素对现实社会存在和发展的相对性虚拟。如前文中关于网络社会主体的社会化所分析的，作为社会主体的人，网络社会的主体——“网民”，既是现实社会的主体，也是网络社会的主体，而网民首先是现实社会主体的“人”，在现实社会中无论是受到先天遗传因素影响所形成的年龄、性别、体质，还是受到后天环境因素影响所形成的受教育水平、价值观念、人格特质等都必然会影响甚至决定着网民对网络的参与状况。虚拟只能将其一部分或在一定程度上将其虚拟，而不可能完全抹杀网民的现实性。如在网络社会中，一方面，网民的年龄、性别、体质、受教育水平、价值观念、人格特质等确实可以通过虚拟而有所改变，但显然不同年龄、性别、体质、受教育水平、价值观念、人格特质的现实社会主体在参与到网络之中时，其行为在关注的方向、参与网络社会的程度等都必然受到这些因素的潜在作用。就好像儿童与老人，他们参与到网络社会之中，成为网络社会主体，但其行为必然有所不同。另一方面，人们参与到网络社会中，成为网络社会的主体，其行为的最终落脚点必然还是现实社会。完全脱离现实社会而只存在于网络社会的主体是不存在的，最起码在现阶段是不存在的。如一个在网络社会中游戏的“人”，他在游戏中的遭遇，或成功、或失败，必然会影响到其现实社会中的存在状态。

同样，从实践的观点来看，网络社会对于现实社会的相对独立性是指网络社会的存在和发展状态在一定程度上可以脱离现实社会而进行虚拟，即虚拟达到相对的高度。如当前，通过信息模拟技术，在网络社会中不但可以实现对现实社会环境进行模仿甚至达到以假乱真的状态，而且可以虚构出现实社会中所不存在的环境。虽然这种虚拟仍然不能完全脱离现实社会，离不开现实社会中人的操作和控制，但显然这具有相对意义上的独立性。

结语

概念的界定在以后的研究中将会多次出现，这里基于相对意义的层面来界定网络社会的概念、诠释网络社会的内涵和外延，并非彻底否认网络社会存在和发展的绝对性。一方面，突出在界定网络社会时面对广大普通群众的大众化和普及化要求，便于得到更为广泛的认同；另一方面，界定是就当前阶段网络社会所处的界限和领域而言的，并非包括网络社会发展的过去、现在、未来的全过程。网络是极速发展的，甚至用日新月异都不足以形容其发展和变化的程度。因此，想全过程界定既不可能，也违背事物是绝对发展的科学规律，正如恩格斯在《路德维希·费尔巴哈和德国古典哲学的终结》中所说："一个伟大的基本思想，即认为世界不是一成不变的事物的集合体，而是过程的集合体，其中各个似乎稳定的事物以及它们在我们头脑中的思想映像即概念，都处在生长和灭亡的不断变化中。"这里当然不是也绝对不敢自比"伟大的基本思想"，而仅是在前人研究的基础上，运用马克思主义的科学原理作一陋见，以抛砖引玉。

社会主义核心价值观篇

第四章　凝炼：社会主义核心价值观的当代形态

“是什么”是人们认识事物的普遍逻辑起点，对于社会主义核心价值观而言，丰富的内涵和多样的体例要求我们清晰地认识和正确地把握，因此“是什么”就必须要建立在对其当代形态全面而深入分析的基础上。

中国共产党第十八次全国代表大会犹如一个节点，从基本范畴上凝练了社会主义核心价值观的当代形态，但从建设的普遍性要求看，社会主义核心价值观“是什么”的当代考量仍然有待进一步深入。

形态，意指在一定的时空序列中事物所具有和表现出来的相对稳定的形式与状态。从事物的形成与发展过程来看，事物的形态是该事物在特定阶段的基本表征，主要涵盖该事物在一定时空维度上相对稳定的具体内涵与结构体例，是该事物之所以是该事物而区别于其他事物的内在规定性。正因为如此，从认识论的角度看，事物的形态是人们认识该事物且能够认识该事物“是什么”的指标系统。在此意义上，显然，这一指标系统在具体内涵上越细致、在结构体例上越明确，其特质也就越显著，也就越有助于提高人们对该事物认识的正确度和实效性。

对于社会主义核心价值观而言，在中国共产党第十八次全国代表大会上的报告中首次以党和国家的名义对“社会主义核心价值观”予以了明确的界定：“倡导富强、民主、文明、和谐，倡导自由、平等、公正、法治，倡导爱国、敬业、诚信、友善，积极培育和践行社会主义核心价值观”，并将其提高到建设社会主义文化强国方面的根本战略地位。这一界定一方面体现了社会主义核心价值观建设在当前中国特色社会主义现代化建设中的重要地位，另一方面也在总体上界定了社会主义核心价值观的当代形态。

社会主义核心价值观作用的充分发挥、诉求目标的普遍实现都重在建设。而面对当前复杂的国际、国内价值环境，以及社会主义核心价值观本身的高层次要求，社会主义核心价值观的培育和践行必然是一个长期的过程，不可能一蹴而就。在此过程中，要使社会主义核心价值观能为大众所正确认识和高效掌握，首要前提就是必须在更为细致、更为具体的层面明确社会主义核心价值观“到底是什么”，从具体分析做起。这一点也是推动对社会主义核心价值观认同，进而实现对社会主义核心价值观的培育和践行的必然要求和基础条件。

第一节　明定：社会主义核心价值观的科学内涵

作为培育和践行的基本内容，社会主义核心价值观的二十四个字、十二个词语体现了其内涵的丰富性和开放性，从范围上回答了“社会主义核心价值观是什么”的问题，给了社会主义核心价值观以明确的“定界”；作为培育和践行的具体指向，社会主义核心价值观的国家、社会、个人三大层面表明了社会主义价值观建设所要达到的状态和程度，从范畴上回答了“社会核心价值观是什么”的问题，给了社会主义核心价值观以明确的“定位”。

正是在范围上的定界和范畴上的定位，为我们正确认识和准确把握社会主义核心价值观的科学内涵提供了清晰的标识，也为我们通过“对比”的途径正确认识和准确把握社会主义核心价值观的科学内涵提供了方法论上的选择依据。因为对比的方法有助于我们更加直观地理解和深入地把握社会主义核心价值观所蕴含的科学内涵。而只有清楚明了社会主义核心价值观“到底是什么”，才能使我们切实感受到社会主义核心价值观的科学性、先进性、优越性，也才有可能对社会主义核心价值观产生真正的认同，最终推动社会主义核心价值观的培育和践行。

一、富强、民主、文明、和谐——国家层面的价值目标

“富强、民主、文明、和谐”是从“国家层面”对当前我国社会主义核心价值观的定界与定位。那么，何为“国家”以及我们当前要建设怎样的国家就成为我们正确理解和准确把握社会主义核心价值观在国家层面的价值目标的基础。

总体而言，对于“国家”（state）[①]一词含义的认识，中外经历了殊途同归的发展历程。

在西方，这一认识主要分为城邦观与国家观两大阶段。其中，城邦观的主要代表是古希腊著名的哲学家、思想家、教育家亚里士多德（Aristotle，公元前384—公元前322）。他认为，“国家”起源于“男女和主奴这两种关系的结合”所组成的“家庭”，再由若干家庭联合成为“村坊”，村坊组合成的“城邦”（polis）即是国家形成的基础[②]。到了近代，关于国家观的经典论述则是卢梭的“契约论”。在卢梭看来，国家是人由家庭的“自然状态”向结合的“社会状态”转变的产物，其中维系这一结合的就是“社会契约所要解决的根本问题”，结合行为也产生了“道德的与集体的共同体”——国家[③]。

在我国则主要表现为从天下观到国家观的演变。漫长的古代历史中，虽然关于“国”“家”“国家”等字词屡有著述，但语义纷纭，也并非现代意义上的国家。如将诸侯之地谓“国”，大夫之地谓“家”。《左传·桓公元年至二年》曰：“吾闻国家之立也，本大而末小，是以能固。故天子建国，诸侯立家。”[④]如作：“都城”之意。《礼记·杂记下》有语：“子贡观于蜡。孔子曰：‘赐也乐乎？’对曰：‘一国之人皆

①在现代英语中，country、nation、state三者均有国家之意。其中，country属中性词，侧重指具有某种自然特征，适于某种目的或与某种人有关的地区、区域，如家园、疆土，与the连用，可表示乡村、乡下或国民。nation侧重指民族、国民（总称）。state侧重指独立政府统治下的政权机构，如政府、政权、国家机器等。参见：牛津高阶英汉双解词典[M]. 北京：商务印书馆，2009:455-456.

②（古希腊）亚里士多德. 政治学[M]. 吴寿彭，译. 北京：商务印书馆，1965:5-9.

③（法）卢梭. 社会契约论[M]. 何兆武，译. 北京：商务印书馆，2003:5-21.

④李学勤. 十三经注疏[M]. 北京：北京大学出版社，1999:153.

若狂，赐未知其乐也。’”[①]再如：《晋书·陶侃传》又载：“国家年小，不出胸怀”，这里的“国家”作“帝王的别称”[②]。此外，还有很多，不一一赘述。

在这些纷繁的表述中，最为突出的是作为“天下”之意。如《诗经·小雅·北山》：“普天之下,莫非王土;率土之滨,莫非王臣”；《礼记·大学》：“古之欲明明德于天下者，先治其国；欲治其国者，先齐其家；欲齐其家者，先修其身”；《孟子·离娄上》：“孟子曰：‘三代之得天下也以仁，其失天下也以不仁。国之所以废兴存亡者亦然’”，又曰：“人有恒言，皆曰‘天下国家’。天下之本在国，国之本在家，家之本在身”等等。这些将“天下”作“国家”，且视“国家”为天下之中，正是中国一词的由来。正如宋代理学家石阶所言：“天出乎上，地处乎下，居天地中者曰中国，居天地之偏者曰四夷，四夷外也，中国内也。”[③]

到了近代，随着西方的武力入侵，一方面，中国作为一个独立主权国家的地位丧失，逐步沦为半殖民地半封建社会；另一方面，西学东渐的发展，西方近代的国家观念开始进入我国，自林则徐、龚自珍，到梁启超、严复，再到邹容、孙中山，近代国家观开始渐次形成。亦如美国中国近代思想史研究领域的开拓者和领导者约瑟夫·列文森（Joseph R.Levenson，1920—1969）在其著作《儒教中国及其现代命运》（英文书名：Confucian China and its Modern Fate）所言：“近代中国思想史大部分时期，是一个使‘天下’成为‘国家’的过程。”[④]

无论是西方古代的城邦观，还是我国古代的天下观以及中外近代的国家观，其本质都是历史发展的产物。从职能的角度看，国家的概念在于：日益承担发展生产力，组织或促进社会经济、政治、文化、环境建设的任务。党的十八大报告作出关于建设社会主义现代化国家

①杨天宇．十三经译注•礼记译注（下）[M]．上海：上海古籍出版社，2004：555.

②古代汉语词典编写组．古代汉语词典[M]．北京：商务印书馆，2002：523.

③石介．徂徕石先生文集（卷10）[M]．陈植锷，点校．北京：中华书局，1989：116.

④（美）列文森．儒教中国及其现代命运[M]．郑大华，任菁，译．北京：中国社会科学出版社，2000：87.

的科学论断："建设社会主义市场经济、社会主义民主政治、社会主义先进文化、社会主义和谐社会、社会主义生态文明，促进人的全面发展，逐步实现全体人民共同富裕，建设富强民主文明和谐的社会主义现代化国家"[①]，这一论断既清楚表明了我国当前社会主义现代化国家建设在内容上五位一体的科学布局，又为我国培育和践行国家层面的社会主义核心价值观在对外展示国家整体形象和对内以人为本两方面的基本职能提供了准确注解。

1. **"富强"的国家**

"富强"，与"贫弱"相对，是富裕和强盛之意。我国近代百年的屈辱历史深刻地启迪我们：落后就要挨打，贫弱即受欺凌。从那时起，实现民族独立、国家富强就成为一代代仁人志士的不懈追求，也是全体中国人民的殷殷期盼。1949年10月1日，新中国的成立完成了民族独立的历史任务，从那时起实现国家富强就成为了中国共产党领导全国各族人民团结奋斗的必然主题。

具体而言，作为社会主义核心价值观国家层面的价值目标，"富强的国家"主要包含着两方面密切联系的应然标识：其一，对内：人民共同富裕；其二，对外：充分展现中国特色社会主义道路的自信心，正所谓"民富而国强"。而这两方面都是建立在经济稳定快速发展的基础之上。一方面，"富强的国家"表现在全体人民的共同富裕，是全体人民对经济发展成果的共享；另一方面，"富强的国家"表现在改革开放以来，我们党和国家坚持以经济建设为中心，不断解放和发展社会生产力，并随着经济稳定健康发展而进一步提升的包括国际地位、国际影响力、国际话语权等在内的综合国力。

2. **"民主"的国家**

"民主"，与"专制"相对。民主的原始形态为古希腊语中"全体公民、平民"和"统治、权力"[②]两词的合意，后被用作在西方近代资产阶级革命中限制、反对封建君主专制统治的工具。就我国来

①胡锦涛. 坚定不移沿着中国特色社会主义道路前进 为全面建成小康社会而奋斗——党的十八大报告[M]. 北京：人民出版社，2012：12.

②施治生，郭方. 古代民主与共和制度[M]. 北京：中国社会科学出版社，1998 ：288.

说，在终结了两千多年封建专制统治的旧民主主义革命以后，中国共产党高举人民民主的光辉旗帜，领导全国各族人民进行了艰苦卓绝的新民主主义革命，建立了人民当家作主的社会主义国家，实现了真正意义上“绝大多数人的”民主。正如马克思、恩格斯所指出的：“过去的一切运动都是少数人的，或者为少数人谋利益的运动。无产阶级的运动是绝大多数人的、为绝大多数人谋利益的独立的运动。”①

当前，作为社会主义核心价值观国家层面的价值目标，“民主的国家”主要包含以下两方面密切联系的应然标识：其一，对内：人民当家作主；其二，对外：充分彰显中国特色社会主义政治制度的优越性。前者主要表现为国家一切权利属于人民，在主体和内容上都是最广泛的人民民主；后者主要表现为坚持一切为了人民，保证人民当家作主，不断发展范围更为广泛、程度更加充分、制度更加健全、形式更加丰富的社会主义民主。这既集中体现了中国共产党全心全意为人民服务的根本宗旨，也是中国特色社会主义的内在要求。

3. **“文明”的国家**

“文明”，与“落后”相对。现代意义上的文明一般用以“衡量人类社会进步的状态”②，而其衡量的具体标志主要是文化的方向和价值。众所周知，中国是世界四大文明古国之一，在上下五千年连续不断的历史长河中，中华民族创造了辉煌灿烂的优秀传统文化。这些为十八大提出的建设社会主义文化强国、走中国特色社会主义文化发展道路提供了深厚的文化资源，奠定了坚实的文化基础。正如习近平总书记在文艺工作座谈会上的讲话中所指出的：“在几千年的历史流变中，中华民族从来不是一帆风顺的，遇到了无数艰难困苦，但我们都挺过来、走过来了，其中一个很重要的原因就是世世代代的中华儿女培育和发展了独具特色、博大精深的中华文化，为中华民族克服困难、生生不息提供了强大精神支撑。”③

当前，作为社会主义核心价值观国家层面的价值目标，“文明的

①马克思恩格斯选集：第1卷[M]. 北京：人民出版社，2012：411.

②吴铎. 社会学[M]. 北京：高等教育出版社，2004：317.

③习近平. 在文艺工作座谈会上的讲话[N]. 人民日报，2015-10-15(02).

国家”主要包含以下两方面密切联系的应然标识：其一，对内：国民具有高度文化素养；其二，对外：充分展示中国特色社会主义先进文化强大的软实力。具体而言，高度的文化素养是指在切实保障人民基本文化权益、大力丰富人民精神文化生活、全面提高人民的思想道德素质和科学文化素质的基础上，培养人民高度的对社会主义先进文化的自觉与自信。强大的文化软实力是指在坚持社会主义先进文化前进方向的前提下，坚持人民为中心的导向，将社会效益放在首位，以激发全民族文化创造活力为中心环节，大力发展文化事业和文化产业，推动社会主义文化的大发展大繁荣，建设既具有不断增强的国际影响力，又具备强大整体竞争力的“面向现代化、面向世界、面向未来的，民族的科学的大众的社会主义文化。”①

4. **“和谐”的国家**

“和谐”，与“无序”相对。和谐即和睦协调②，一般形容事物之间或事物内部诸要素之间的关系和存在状态，处于积极向上、相辅相成的发展态势，寓意关系良好和状态有序。在我国，五千年的文明史孕育了丰富的和谐思想。如在人与自然的和谐关系上，《老子·二十五章》有言：“人法地，地法天，天法道，道法自然”；在人与社会的和谐关系上，《礼记·礼运》有语：“故人不独亲其亲，不独子其子。使老有所终，壮有所用，幼用所长，鳏寡孤独废疾者皆有所养”；在人与人的和谐关系上，《论语·子路》有载：“君子和而不同，小人同而不和”。到现代，在国与国之间的关系上，1953年12月，周恩来总理在会见来访的印度代表团时提出：“互相尊重主权和领土完整、互不侵犯、互不干涉内政、平等互利、和平共处”的和平共处五项原则。2014年6月18日，习近平总书记在纪念“和平共处五项原则”发表60周年纪念大会上的讲话中进一步指出：新形势下，和平共处五项原则的精神不是过时了，而是历久弥新；和平共处五项原则的意义不是淡化了，而是历久弥深；和平共处五项原则的作用不是削弱了，

①胡锦涛．坚定不移沿着中国特色社会主义道路前进 为全面建成小康社会而奋斗——党的十八大报告[M]．北京：人民出版社，2012：31．

②中国社会科学院语言研究所词典编辑室．现代汉语词典[M]．6版．北京：商务印书馆，2012：525．

而是历久弥坚。这些都是和谐思想的具体体现。

当前，作为社会主义核心价值观国家层面的价值目标，“和谐的国家”主要包含以下两方面密切联系的应然标识：其一，对内：公民能各尽其能、各得其所；其二，对外：昭示中国特色社会主义现代化国家各种社会关系协调有序的高度凝聚力。对内，具体表现为我国公民幼有所教、劳有所得、病有所医、老有所养、住有所居的生动局面的切实实现，是对中国特色社会主义和谐国家各项发展成果的共建和共享，是公民各项活动的和睦协调。在对外方面，具体表现为中国特色社会主义现代化国家在人与自然、人与社会、人与人乃至国与国之间良好有序关系的切实实现，是建设美丽中国的和睦协调。

二、自由、平等、公正、法治——社会层面的价值取向

“自由、平等、公正、法治”是从“社会层面”对当前我国社会主义核心价值观的定界与定位。同样，明确何为“社会”以及我们当前要建设怎样的中国特色社会主义社会，是我们正确理解和准确把握社会主义核心价值观在社会层面价值取向的前提。

如前所析（见第二章第一节），社会不是由单一个体或彼此孤立的社会成员组成的，而是社会成员之间关系的总和，“社会是人类的共同体，个人是社会的基本单元，社会则是个人组成的共同体”①。马克思主义进一步指出：“代替那存在着阶级和阶级对立的资产阶级旧社会的，将是这样一个联合体，在那里，每个人的自由发展是一切人的自由发展的条件。”②可见，作为社会成员的人民个体发展状态与作为个体联合的社会集体发展状态是社会建设的两个基本出发点和落脚点，也是衡量社会层面价值取向的基本注脚。

对此，加强社会建设，促进全体人民的全面发展是我们党和国家的核心关注点，也是中国特色社会主义的本质所在。突出表现在从“建立”到“全面建设”再到“全面建成”，从“总体的小康社会”到“惠及十几亿人口的更高水平的小康社会”再到“小康社会的新要

①郑杭生．社会学概论[M]．北京：人民出版社、高等教育出版社，2011：71.

②马克思恩格斯选集：第1卷[M]．北京：人民出版社，1995：294.

求”这一贯穿我们党和国家建设中国特色社会主义社会始终的工作重心之一。

早在改革开放之初，改革开放的总设计师邓小平同志就先后提出：“我们要实现的四个现代化，是中国式的四个现代化。我们的四个现代化的概念，不是像你们那样的现代化的概念，而是‘小康之家’。”[①]“翻两番，国民生产总值人均达到八百美元[②]，就是到本世纪末在中国建立一个小康社会。这个小康社会，叫做中国式的现代化。翻两番、小康社会、中国式的现代化，这些都是我们的新概念。”[③]

这是我们党和国家关于建设小康社会的初期设想。但总体而言，这一时期小康社会的建设目标主要还是偏重于解决温饱问题、强调人民群众物质生活水平提高、保障广大人民群众生存权益的小康社会。

进入21世纪以后，面对新形势的变化，在实现了“翻两番”目标的基础上，2002年11月，党的十六大在《全面建设小康社会 开创中国特色社会主义事业新局面》的报告中进一步提出：“在本世纪头二十年，集中力量，全面建设惠及十几亿人口的更高水平的小康社会，使经济更加发展、民主更加健全、科教更加进步、文化更加繁荣、社会更加和谐、人民生活更加殷实”，并将“社会主义民主更加完善，社会主义法制更加完备，依法治国基本方略得到全面落实，人民的政治、经济和文化权益得到切实尊重和保障。基层民主更加健全，社会秩序良好，人民安居乐业”等关涉广大人民群众发展的权益作为全面建设小康社会的目标之一。

到2007年10月，在党的十七大报告《高举中国特色社会主义伟大旗帜 为夺取全面建设小康社会新胜利而奋斗》中将：“扩大社会主义民主，更好保障人民权益和社会公平正义。公民政治参与有序扩

①邓小平文选：第二卷[M]. 北京：人民出版社，1994：237.

②对于“人均达到八百美元的小康社会”，邓小平同志在1983年视察江苏等地回北京后的谈话时描述为：第一，人民的吃穿用问题解决了，基本生活有了保障；第二，住房问题解决了，人均达到二十平方米；第三，就业问题解决了，城镇基本上没有待业劳动者了；第四，人不再外流了，农村的人总想往大城市跑的情况已经改变；第五，中小学教育普及了，教育、文化、体育和其他公共福利事业有能力自己安排了；第六，人们的精神面貌变化了，犯罪行为大大减少。参见：邓小平文选：第三卷[M]. 北京：人民出版社，1993：24-25.

③邓小平文选：第三卷[M]. 北京：人民出版社，1993：54.

大。依法治国基本方略深入落实，全社会法制观念进一步增强，法治政府建设取得新成效。基层民主制度更加完善”作为十六大“确立”的全面建设小康社会目标的基础上“实现”全面建设小康社会奋斗目标的新的更高要求之一。

2012年11月，党的十八大报告《坚定不移沿着中国特色社会主义道路前进 为全面建成小康社会而奋斗》中将“人民民主不断扩大。民主制度更加完善，民主形式更加丰富，人民积极性、主动性、创造性进一步发挥。依法治国基本方略全面落实，法治政府基本建成，司法公信力不断提高，人权得到切实尊重和保障”作为由“全面建设小康社会”到“全面建成小康社会”目标之一进行的充实和完善，标志着我国全面建设小康社会进入一个新的阶段。

2015年10月，党的十八届五中全会通过的《中共中央关于制定国民经济和社会发展第十三个五年规划的建议》对于全面建成小康社会又提出了“坚持人民主体地位。人民是推动发展的根本力量，实现好、维护好、发展好最广大人民根本利益是发展的根本目的。必须坚持以人民为中心的发展思想，把增进人民福祉、促进人的全面发展作为发展的出发点和落脚点，发展人民民主，维护社会公平正义，保障人民平等参与、平等发展权利，充分调动人民积极性、主动性、创造性”这样更高的要求。

纵览我国在小康社会建设道路上的三十多年征程，坚持以人为本，切实保障广大人民群众享有更多更广泛的合法权益，坚持发展为了人民、发展依靠人民、发展成果由人民共享，促进全体人民全面发展的目标始终如一。正如中共中央在《关于全面推进依法治国若干重大问题的决定》中关于法治建设目标中所提出的：坚持法治建设为了人民、依靠人民、造福人民、保护人民，以保障人民根本权益为出发点和落脚点，保证人民依法享有广泛的权利和自由、承担应尽的义务，维护社会公平正义，促进共同富裕。同时，这也为我国当前培育和践行社会层面的社会主义核心价值观对下促进人民个体的全面发展、对上推动社会集体的有序发展两方面提供了科学依据。

1. “自由”的社会

“自由”，与规范统一。在近代社会科学兴起的过程中，自由被众多名家和学科赋予了多样的含义。法国启蒙思想家孟德斯鸠将自由定义为：“做法律所许可的一切事情的权利”①；在法国资产阶级大革命中的纲领性文件《人权宣言》中则将自由解释为：“不做任何危害他人之事”②；我国《现代汉语词典》中则将自由界定为三方面含义：“不受约束、不受限制；在法律规定的范围内，随自己意志活动的权利；哲学上把人认识了事物发展的规律性，自觉地运用到实践中去，叫作自由。”③正如孟德斯鸠所言：“没有一个词比自由有更多的含义，并在人们意识中留下更多不同的印象了”④。虽然关于自由的释义众多，但从社会发展的层面综合而论，其主要关涉两方面因素：第一，社会个体自由的规范性；第二，社会集体自由的规范性。前者解决的是社会个体自由的程度问题，后者解决的是社会集体自由的程度问题。从本质上说，现代意义的自由是指一定社会中人们意志活动的实现程度，是与规范相统一的概念，也是衡量一个社会进步程度的标志。

据此，作为社会主义核心价值观社会层面的价值目标，“自由的社会”主要包含着两方面密切联系的应然标识：其一，对个体：享有广泛的自由权利的规范性；其二，对集体：整个社会的自由权利受到道德和法律约束的规范性。也就是说，在中国特色社会主义社会中，它首先区别于其他社会形态，相对于社会主义社会的个体成员，自由在主体上和内容上表现为绝大多数人的自由和广泛的自由；其次，相对于社会主义社会的集体，自由是在法治和德治相辅相成之下的自由。两者共同彰显着自由在社会主义个人和集体之间的相得益彰，反映着中国特色社会主义小康社会在自由价值取向上的强大凝聚力。

---

①(法)孟德斯鸠．论法的精神(上)[M]．张雁深，译．北京：商务印书馆，1995：254.

②(美)潘恩．潘恩选集[M]．马清槐，译．北京：商务印书馆，1981：183.

③中国社会科学院语言研究所词典编辑室．现代汉语词典[M]．6版．北京：商务印书馆，2012：1729.

④(法)孟德斯鸠．论法的精神(上)[M]．张雁深，译．北京：商务印书馆，1995：153.

2. **“平等”的社会**

“平等”，与尊重统一。平等即在一定社会中，人们所享有的相等待遇。平等历来也是人们孜孜不倦的追求。在西方，古希腊时期就有了公民应当“都具有平等而同样的人格”[①]的要求。而到了欧洲启蒙运动期间，“天赋人权论”和“社会契约论”更是平等思想的大发展时期。如英国哲学家托马斯·霍布斯（Thomas Hobbes，1588—1679）就强调：“自然使人在身心两方面的能力都十分相等”[②]；法国思想界、哲学家伏尔泰则提出：“一切享有各种天然能力的人，显然都是平等的”[③]等等。在我国，孔子有曰：“丘也闻，有国有家者，不患寡而患不均，不患贫而患不安”[④]，表达了均等对于国家的重要性；法家的代表人物商鞅则从律令的角度提出：“壹刑者，刑无等级，自卿相将军以至于大夫庶人，有不从王令、犯国禁、乱上制者，罪死有赦”[⑤]的主张。到了近代，资产阶级革命家孙中山在其革命主张中提出：“民族主义是对外人争平等的，不许外国人欺负中国人；民主主义是对本国人争平等的，不许有军阀官僚的特别阶级，要求全国男女的政治地位一律平等；民生主义是对于贫富争平等的，不许全国男女有大富人和大穷人的分别，要人人能够做事，人人都有饭吃”[⑥]。恩格斯更是明确指出：“一切人，或至少是一个国家的一切公民，或一个社会的一切成员，都应当有平等的政治地位和社会地位。”[⑦]而到了新民主主义革命以后，中国共产党带领全国各族人民成为真实的、广泛的平等思想的开创者和践行者。如早在1931年，中国共产党领导中华苏维埃共和国所制定的《中华苏维埃共和国宪法大纲》中就确立了“一切劳苦群众不分男女、种族以及宗教信仰的不同，在苏维埃法律面前一律平

①(古希腊)亚里士多德．政治学[M]．吴寿彭，译．北京：商务印书馆，1965：168.

②(英)托马斯·霍布斯．利维坦[M]．黎思复，黎廷弼，译．北京：商务印书馆，1986：92-97.

③葛力．十八世纪法国哲学[M]．北京：商务印书馆，1963：88.

④论语[M]．张燕婴，译注．北京：中华书局，2006：250.

⑤商君书[M]．石磊，译注．北京：中华书局，2009：142.

⑥孙中山选集[M]．北京：人民出版社，1981：903.

⑦马克思恩格斯选集：第3卷[M]．北京：人民出版社，1995：444.

等。”[①]新中国成立以后，“各民族平等”“法律面前一律平等”等价值观念一直贯穿于宪法和法律的制定、执行过程之中。改革开放以来，随着以宪法为核心的中国特色社会主义法律体系逐步建立，依法治国渐次成为我国的基本国策，并将平等作为社会主义法律的基本属性。

正是秉持了继承和开创精神，作为社会主义核心价值观社会层面的价值目标，“平等的社会”成为对我国宪法中关于“法律面前人人平等”内容的当代诠释。这一诠释一方面确立了社会个体享有广泛平等的规定性，另一方面也确立了社会集体平等权排他的规定性，充分体现了平等与尊重的统一，保障了中国特色社会主义小康社会在平等价值取向上的高效执行力。正如《中共中央关于全面推进依法治国若干重大问题的决定》中所明确的：人民是依法治国的主体和力量源泉。……任何组织和个人都必须尊重宪法法律权威，都必须在宪法法律范围内活动。

3. “公正”的社会

“公正”，与秩序统一。公正即公平正义，不偏私。作为一种理想状态，在中西方，公正一直是推动个人、社会发展的重要力量，也是衡量个人发展、社会发展的重要尺度。对于个人发展而言，古希腊哲学家柏拉图（Plato，约公元前427—公元前347）就曾说过：“伤害朋友或任何人不是正义者的功能，而是和正义者相反的人的功能，是不正义者的功能。”[②]列子则将“公天下之身，公天下之物”[③]之人称为道德最完善的人。对于社会发展而言，古罗马政治家、哲学家马库斯·图留斯·西塞罗（Marcus Tullius Cicero，公元前106—公元前43）提出：“公正的原则必须贯彻到社会的最底层”，强调公正对于整个社会的覆盖。而《吕氏春秋·孟春纪·贵公》则从社会与国家治理的角度提出了：“昔先圣王之治天下也，必先公，公则天下平矣。平得于公”的观点。中外对于公正的高度评价充分体现了公正对于个人、社会发展的重要价值。

①叶孝信．中国法制史[M]．北京：北京大学出版社，1996：458.

②（古希腊）柏拉图．理想国[M]．郭斌和，张竹明，译．北京：商务印书馆，1986：15.

③列子[M]．景中，译注．北京：中华书局，2007：233.

由此，作为社会主义核心价值观社会层面的价值目标，“公正的社会”应主要包含着两方面密切联系的应然标识：其一：对于社会成员的个体：树立公平正义的个人品质；其二，对于社会集体：营造公平正义的社会氛围。在社会成员个体方面表现出在享有公平正义待遇的同时，能公平正义地对待他人，培育维护公平正义的自觉，成为公平正义秩序的积极参与者。在社会集体方面表现为整个社会良好的公平正义氛围和有力的公平正义维系力量。两方面综合作用，彰显中国特色社会主义小康社会在公正价值取向上的高度公信力。正如习近平总书记所指出的：“促进社会公平正义是政法工作的核心价值追求。……政法战线要肩扛公正天平、手持正义之剑，以实际行动维护社会公平正义，让人民群众切实感受到公平正义就在身边。”[①]

4. “法治”的社会

“法治”，与保障统一。法治即依据法律管理国家和社会事务。相较于自由、平等、公正需要达到的状态性价值取向，法治在表现为状态性价值取向的同时，更多地表现出为实现所需要达到状态的保障性价值取向。虽然我国古代也有大量关涉法律方面的记载，但总体而言，有别于西方古代比较系统的法制史，我国古代的法律行为主要表现为刑法和宗法方面，正所谓“君叫臣死，臣不得不死，父叫子亡，子不得不亡”。就依法治国的源起而言，1978年12月，在党的十一届三中全会上，邓小平就明确指出：“为了保障人民民主，必须加强法制，必须使民主制度化、法制化，使这种制度和法律不因领导人的改变而改变，不因领导人的看法和注意力的改变而改变。”[②]1979年6月，邓小平再一次明确强调：“民主和法制，这两个方面都应该加强，……民主要坚持下去，法制也要坚持下去。这好像两只手，任何一只手削弱都不行。”[③]1997年9月，在党的十五大报告中更是明确提出了“依法治国”的治国方略：依法治国，就是广大人民群众在党的领导下，依照宪法和法律规定，通过各种途径和形式管理国家事务，

①习近平．习近平谈治国理政[M]．北京：外文出版社，2014：148.

②邓小平文选：第二卷[M]．北京：人民出版社，1994：146.

③邓小平文选：第二卷[M]．北京：人民出版社，1993：189.

管理经济文化事业，管理社会事务，保证国家各项工作都依法进行，逐步实现社会主义民主的制度化、法律化，使这种制度和法律不因领导人的改变而改变，不因领导人看法和注意力的改变而改变。在以后的党的历次代表大会中，依法治国都作为我们党治理国家的基本方略不断得以完善起来。2014年10月28日，党的十八届四中全会通过的《中共中央关于全面推进依法治国若干重大问题的决定》则进一步全面、具体、更有针对性地提出了依法治国路线图，为依法治国的理论和实践提供了有力依据，为我国建设法治国家和法治社会，依法保障全体公民享有广泛的权利提供了具体指引，集中体现了我们党立党为公、执政为民的执政理念。正如习近平总书记所指出的："法治是治国理政的基本方式，要更加注重法治在国家治理和社会管理中的重要作用。"①

结合以上，作为社会主义核心价值观社会层面的价值目标，"法治的社会"主要包含着两方面密切联系的应然标识：其一，对于社会个体：树立社会主义法治观念；其二，对于社会集体：构建中国特色社会主义法治体系。在社会个体方面，全体社会成员努力成为社会主义法治的忠实崇尚者、自觉遵守者、坚定捍卫者，在依法行使各项权利的前提下，实现自身的全面发展；在社会集体方面，完善以宪法为核心的中国特色社会主义法律体系，构建推进依法治国、全面建成小康社会的维系机制。两方面相互促进，共同打造中国特色社会主义小康社会在法治价值取向上的强大保障力。正如《中共中央关于全面推进依法治国若干重大问题的决定》中所提出的：我国正处于社会主义初级阶段，全面建成小康社会进入决定性阶段，改革进入攻坚期和深水区，国际形势复杂多变，我们党面对的改革发展稳定任务之重前所未有、矛盾风险挑战之多前所未有，依法治国在党和国家工作全局中的地位更加突出、作用更加重大。面对新形势新任务，我们党要更好统筹国内国际两个大局，更好维护和运用我国发展的重要战略机遇期，更好统筹社会力量、平衡社会利益、调节社会关系、规范社会行为，使我国社会在深刻变革中既生机勃勃又井然有序，实现经济发

①习近平．习近平谈治国理政[M]．北京：外文出版社，2014：138．

展、政治清明、文化昌盛、社会公正、生态良好，实现我国和平发展的战略目标，必须更好发挥法治的引领和规范作用。

三、爱国、敬业、诚信、友善——公民个人层面的价值准则

“爱国、敬业、诚信、友善”是从“公民个人层面”对当前我国社会主义核心价值观的定界与定位。亦然，明了何为“公民”以及我们当前要培养怎样的社会主义公民是我们正确理解和准确把握社会主义核心价值观在公民个人层面价值准则的条件。

“公民”是一个关涉资格和身份归属的概念，中外历史上都有公民一词的记载。在西方，“公民”一词意为：隶属于城邦之人[①]。可见，在古希腊时期，公民强调的是一种身份。正如英国学者恩靳·F.伊辛(Engin F.Isin)和布雷恩·S.特纳(Bryan S.Turner)在其所著《公民权研究手册》（英文书名：Handbook of Citizenship Studies）中所述：“公民原本意指由于生活在城市之中而参与了一种教化(cultivation)或文明化(civilization)进程的人。”[②]

在我国，古代文献记载中亦有“公民”一词，但均特指某一类人，如《韩非子·五蠹》有载：“是以‘公民’少而私人众矣”[③]，这里的公民即特指为君主出力之人。康有为在《大同书》中也载：“凡未辟之岛皆为公地，居者即为‘公民’”，[④]这里的公民是特指公共之人，是与私相对应之意。显然，这些阐释虽然在具体指向上有所差

①“公民”一词的古希腊文为“πολίτη”，其词源是古希腊文“πόλη”——城邦。亚里士多德认为：人在本能上必然是趋向于城邦生活的动物。如果不归属于城邦，那他不是一个鄙夫，就是一个超人。而公民的概念正是亚里士多德在讨论什么形式的城邦才是最好而又可能实现人们所设想的优良的生活体制时所阐述的。在他看来：城邦作为一个政治组合应该有一些公有的东西。其中，作为城邦的组合分子，人们应该隶属于同一城邦，也就是共同居住于一个地区。如此，他们就称为一个“同邦公民”。参见：(古希腊)亚里士多德. 政治学[M]. 吴寿彭，译. 北京：商务印书馆，1965：43.

②(英)恩靳•F. 伊辛，(英)布雷恩•S. 特纳. 公民权研究手册[M]. 王小章，译. 杭州：浙江人民出版社，2007：8.

③这句话出自《韩非子•五蠹》。全意为：人们通常会追求安全和利益而避开危险和穷苦。为了规避危险，他们会选择去侍奉大臣权贵们，大臣权贵们就会免除他们的兵役，这样就避开了危险；为了规避穷苦，他们会选择去贿赂当权者以求得官爵，这样就避开了穷苦。最终导致为君主出力的人少而为大臣权贵们出力的人多。

④康有为. 大同书[M]. 沈阳：辽宁人民出版社，1991：97.

异，但都或多或少地秉承了资格和身份归属方面的规定性。

而现代意义上的公民概念则主要源自西方的思想启蒙运动期间，随着西方资产阶级革命中的制宪活动发展而来，并在十九世纪末二十世纪初传入我国。我国现代意义的公民一词主要体现在以下两方面：

（1）体现在法律的范畴之内。即强调法律赋予的一种身份或资格，表现为中国特色社会主义国家公民的一种归属。如我国现行宪法第33条明确规定："凡具有中华人民共和国国籍的人都是中华人民共和国公民"，并在具体内容上，我国宪法赋予了公民广泛的自由权利和应该履行的相应义务责任。此时，公民成为与国家相对应的概念，具有鲜明的排他性。如1980年9月10日，第五届全国人民代表大会第三次会议通过并实施的《中华人民共和国国籍法》第三条就明确规定：中华人民共和国不承认中国公民具有双重国籍。任何公民享有宪法和法律规定的权利，同时必须履行宪法和法律规定的义务。在此意义上，公民等于国家之民而有别于人民的概念。

（2）体现在道德范畴之内。即强调道德规范的一种身份或资格，表现为中国特色社会主义社会公民的一种归属。我们党和国家历来重视对公民的思想道德建设工作。早在抗日战争时期，毛泽东在《纪念白求恩》一文中就提出："一个人能力有大小，但只要有这点精神，就是一个高尚的人，一个纯粹的人，一个有道德的人，一个脱离了低级趣味的人，一个有益于人民的人"①，号召向白求恩学习，树立共产主义精神，提高道德素质。1978年4月22日在全国教育工作会议上的讲话中，邓小平进一步明确号召："广大青少年好好学习，天天向上，爱祖国、爱人民、爱劳动、爱科学、爱公平财物"②，提出了我国思想道德教育的"五爱教育"口号。在1982年版的《中华人民共和国宪法》第二十四条中，以国家根本大法的形式明确规定了我国思想道德建设的基本内容和价值取向：国家提倡爱祖国、爱人民、爱劳动、爱科学、爱社会主义的公德，在人民中进行爱国主义、集体主义和国际主义、共产主义的教育，进行辩证唯物主义和历史唯物主

①毛泽东选集：第二卷[M]. 北京：人民出版社，1991：660.

②邓小平文选：第二卷[M]. 北京：人民出版社，1994：105.

义的教育，反对资本主义的、封建主义的和其他的腐朽思想。

进入新世纪以后，面对新形势和新问题，我国逐渐形成了“以德治国”和“依法治国”相结合的基本治国方略。2001年1月10日，江泽民同志在全国宣传部长会议上的讲话中指出：我们在建设有中国特色社会主义、发展社会主义市场经济的过程中，要坚持不懈地加强社会主义法制建设，依法治国；同时也要坚持不懈地加强社会主义道德建设，以德治国。对一个国家的治理来说，法治和德治，从来都是相辅相成、相互促进的。二者缺一不可，也不可偏废。法治属于政治建设、属于政治文明，德治属于思想建设、属于精神文明。二者范畴不同，但其地位和功能都是非常重要的。我们要把法制建设与道德建设紧密结合起来，把依法治国与以德治国紧密结合起来①。自此，“以德治国”作为一种基本国策得以明确，并作为对公民思想道德建设工作的基本指针。同年10月20日，中共中央印发的《公民道德建设实施纲要》中进一步提出：“在全民族牢固树立建设有中国特色社会主义的共同理想和正确的世界观、人生观、价值观，在全社会大力倡导‘爱国守法、明礼诚信、团结友善、勤俭自强、敬业奉献’的基本道德规范，努力提高公民道德素质，促进人的全面发展，培养一代又一代有理想、有道德、有文化、有纪律的社会主义公民。”同时，进一步明确了社会主义公民道德建设的主要内容为：“从我国历史和现实的国情出发，社会主义道德建设要坚持以为人民服务为核心，以集体主义为原则，以爱祖国、爱人民、爱劳动、爱科学、爱社会主义为基本要求，以社会公德、职业道德、家庭美德、个人品德为着力点。在公民道德建设中，应当把这些主要内容具体化、规范化，使之成为全体公民普遍认同和自觉遵守的行为准则。”在此后党的历次代表大会中，加强公民道德建设都成为中国特色社会主义建设的重要内容而不断强调，从党的十六大“切实加强思想道德建设”到十七大“明显提高全民族文明素质”再到十八大“全面提高公民道德素质”。党和国家对公民道德建设的高度重视，一方面体现了公民道德素质对国家和社会发展进步，推动国家、社会、个人三者相互促进、共同发展的强

①江泽民文选：第三卷[M]. 北京：人民出版社，2006：200.

大精神支柱作用。因为无论对于国家，还是社会、个人都是必然的基本单位和组成。另一方面也为我们在公民个人层面培育和践行“爱国、敬业、诚信、友善”的价值准则提供了方向指引和基本遵循。正如习近平总书记在会见第四届全国道德模范及提名奖获得者时的讲话中所号召的：“激励人民群众崇德向善、见贤思齐，鼓励全社会积善成德、明德惟馨，为实现中华民族伟大复兴的中国梦凝聚起强大的精神力量和有力的道德支撑，……我们要按党的十八大所提出的培育和践行社会主义核心价值观的要求，高度重视和加强道德建设。”①

1.“爱国”的公民

“爱国”是一种情感和行为，是公民个人对自己祖国所具有的深厚情感和坚定行为。这一情感和行为深刻地反映着公民个体与祖国之间血脉相连的依存关系，是公民个人层面价值准则的核心要求，是在中华民族五千年的历史长河中凝结而成的深厚的爱国主义优良传统。在古代，从“国而忘家，公而忘私”的贾谊、“僵卧孤村不自哀，尚思为国戍轮台”的陆游，到“封侯非我意，但愿海波平”的戚继光，再到的“天下兴亡，匹夫有责”的顾炎武；在近代，从“苟利国家生死以，岂因祸福避趋之”的林则徐，到“我自横刀向天笑，去留肝胆两昆仑”的谭嗣同、“拚将十万头颅血，须把乾坤力挽回”的秋瑾，再到第一个喊出“振兴中华”的孙中山；在现代，从“是好男儿，舍身报国”的吉鸿昌、“生的伟大、死的光荣”的刘胡兰到“为中华崛起而读书”的周恩来，再到“我是中国人民的儿子，我深情地爱着我的祖国和人民”的邓小平……正是这些数不清的一代代“先天下之忧而忧，后天下之乐而乐”、热爱祖国、奉献牺牲的仁人志士凝结而成了热爱祖国的大好河山、热爱祖国的骨肉同胞、热爱祖国的璀璨文化相统一的伟大爱国主义精神，造就了中华民族连绵不断、团结统一的辉煌历史，成为推动中华民族生生不息、不断向前的不竭动力，也集中体现了每一个中国人成就伟大人格的根本所在。

在当前，作为社会主义核心价值观公民个人层面的价值准则，“爱国的公民”主要包含着两方面相统一的应然标识：其一，在观念

①习近平．习近平谈治国理政[M]．北京：外文出版社，2014：158-159.

上：坚定献身于中国特色社会主义伟大事业的理想信念；其二，在行为上：做热爱社会主义国家、拥护祖国统一和民族团结的忠诚爱国者。爱国主义是思想和行为的统一，思想是行为的先导，行为是思想的体现。对于思想，中国特色社会主义集中代表了国家、民族和个人的根本利益；对于行为，热爱社会主义国家、拥护祖国统一和民族团结集中体现了全体中华儿女在爱国主义上的基本要求。正如习近平总书记所指出的："实现中华民族伟大复兴，就是中华民族近代以来最伟大的梦想。这个梦想，凝聚了几代中国人的夙愿，体现了中华民族和中国人民的整体利益，是每一个中华儿女的共同期盼。历史告诉我们，每个人的前途命运都与国家和民族的前途命运紧密相连。国家好，民族好，大家才会好。实现中华民族伟大复兴是一项光荣而艰巨的事业，需要一代又一代中国人共同努力。空谈误国，实干兴邦。"①

2. **"敬业"的公民**

"敬业"是一种操守和行为，是职业道德的重要组成。具体而言，敬业是公民个人对自身所从事的职业应当秉持的良好职业信念和职业行为。这一工作作风和自觉行为体现了公民个体与职业活动之间良好关系的程度，是公民个人层面价值准则的基本要求。敬业的信念和行为是中华民族优秀传统美德的重要组成，是中国人民素来所秉持的职业操守。在古代，有"坚韧执着、不畏艰难"的愚公；"忍辱负重，笔耕不辍"，给后世留下"史家之绝唱，无韵之离骚"的司马迁；"鞠躬尽瘁、死而后已"的诸葛亮；"精益求精、反复推敲"的贾岛。在现代，有"日理万机、呕心沥血"的周总理；"孜孜不倦、废寝忘食"的陈景润；"吃苦耐劳、任劳任怨"的时传祥；"身残志坚、顽强不屈"的张海迪；有"心中有党、心中有民、心中有责、心中有戒"的焦裕禄，等等。正是一代又一代秉承着勤劳、坚韧、认真、奉献等高尚职业操守的中国劳动者塑造了中华民族优秀的职业道德传统，他们既是我们树立高尚职业信念的楷模，又为我们培养务实的工作作风提供了榜样。

在当前，作为社会主义核心价值观公民个人层面的价值准则，

①习近平．习近平治国理政[M]．北京：外文出版社，2014：36.

“敬业的公民”主要包含着两方面相统一的应然标识：其一，在观念上：树立热爱本职工作，服务人民、奉献社会的职业信念；其二，在行为上：养成踏实认真、勤奋坚强的职业行为习惯。我国正在进行建设中国特色社会主义的伟大事业，需要一代又一代、一批又一批具有敬业精神，恪守职业道德，既热爱社会主义事业，又甘于奉献、务实工作的劳动者付出坚持不懈、长期的辛勤劳动。正如习近平总书记在同全国劳动模范代表座谈时的讲话中所号召的：“必须坚持崇尚劳动、造福劳动者。劳动是财富的源泉，也是幸福的源泉。人世间的美好梦想，只有通过诚实劳动才能实现；发展中的各种难题，只有通过诚实劳动才能破解；生命里的一切辉煌，只有通过诚实劳动才能铸就。劳动创造了中华民族，造就了中华民族的辉煌历史，也必将创造出中华民族的光明未来。‘一勤天下无难事’。必须牢固树立劳动最光荣、劳动最崇高、劳动最伟大、劳动最美丽的观念，让全体人民进一步焕发劳动热情、释放创造潜能，通过劳动创造更加美好的生活。”①

3. **“诚信”的公民**

“诚信”是一种品格和行为。简言之，诚信就是诚实守信，即做到真实无欺，重诺守信，既不自欺欺人，也不失信于人，是中华民族优秀的传统社会公德的基础，也是衡量公民个体之间人际关系、促进社会整体和谐有序的重要尺度。以诚待人、信守承诺是中华民族优秀传统。如春秋尾声“期于梁下，抱柱而亡”②，诚信于女子；秦朝季扎“宝剑挂墓、一诺千金”③，诚信于徐君；东汉郭汲“止于野亭，候期乃入”，诚信于幼童。孔子曾言：“人而无信，不知其可”，强调诚信对于做人的重要性；《左传·僖公二十五年》记载：“信,国之宝也,民之所庇也”，强调诚信是国家的根基,为人处事的依据等。古人的所言所行表现出的对诚信的崇尚，构建了中华民族优秀社会公德传统的基石，展现了我国作为四大文明古国之一在社会发展历史进程中，所蕴含的追求和践行真实无妄、严守承诺的个人品质和道德境界。

①习近平．习近平治国理政[M]．北京：外文出版社，2014：46.

②语出《庄子·盗跖》：春秋时，有个年轻人名叫尾生，与女子约定在一桥上相会，久候女子不到，不料，突然滂沱大雨倾盆而下，淹没桥面，但他寸步不离，死死抱着桥柱被大水淹死。

③语出《史记·季布栾布列传》：“得黄金百，不如得季布一诺。”即成语“一诺千金”的由来。

在当前，作为社会主义核心价值观公民个人层面的价值准则，“诚信的公民”主要包含着两方面相统一的应然标识：其一，在观念上：坚守以诚为本、信守诺言的社会公德；其二，在行为上：做到言行一致、立言立行。因为建设中国特色社会主义伟大事业，实现中华民族伟大复兴的中国梦需要一个安定有序的社会环境，而人际和谐是社会和谐、国家和谐的基本组成，公民个体之间以诚待人、以信待人可以尽可能地减少和避免彼此之间的猜忌、怀疑，增加信任，作为社会和国家的整体才有可能表现出安定有序的发展态势，这是个人、社会、国家共同发展的目标实现的前提。

4. **“友善”的公民**

“友善”是一种态度和行为。简言之，友善就是友好和善，即在待人接物过程中，坚持良好的态度和行为，实现人与人之间和谐相处，社会氛围的和谐向上。这是个人品德的重要组成，也是中华传统美德的重要体现。我国自古就有“礼仪之邦”的美誉，在五千年的文明发展史中，推崇仁爱、与人为善、谦敬礼让、推己及人等友善品质深深地镌刻在中华民族的灵魂中。在《论语·卫灵公》中记载了孔子和他的学生子贡的一次对话：“子贡问曰：‘有一言而可以终生行之者乎？’子曰：‘其恕乎！己所不欲，勿施于人。’”对话中，孔子认为如果用一个字就可以作为终生的行为准则，那就是“恕”，即自己不愿做的事情，不要强加于人，表达了立足自身，尊重他人，与人为善的行为准则。《管子》亦记载：“善人者,人亦善之”，要求人们之间应相互友善。《孟子·公孙丑上》中有言：“取诸人以为善，是与人为善者也。故君子莫大乎与人为善”，这里，孟子将善行喻为君子最高的德行，因此劝诫世人多与人为善。中国传统道德文化中的友好和善观念不仅是古代调节人际关系的重要方法，在建设中国特色社会主义的今天，仍然具有促进人际和谐、社会稳定的重要价值。

在当前，作为社会主义核心价值观公民个人层面的价值准则，“友善的公民”主要包含着两方面相统一的应然标识：其一，在观念上：树立向上向善、谦敬礼让的自觉意识；其二，在行为上：做到待人接物，推己及人。团结友善、和谐发展的社会风尚是中国特色社会主义建设的重要标志，也是当前公民个体传统美德在意识和行为上的必然遵循。

第二节 建构：社会主义核心价值观的逻辑体例

由于研究视角的不同，长期以来，关于社会主义核心价值观的逻辑体例一直是学界热议的重点，不同学者所持见解或有不同，但在社会主义核心价值观这一具有科学严谨的逻辑体例上，我国学术界形成了高度的共识。概览党的十八大以前的研究成果：一方面，在研究的内容上，我国学者对于社会主义核心价值观逻辑体例的探讨主要集中在其三大构成层面之间的横向关系上；另一方面，在研究的视角上，将社会主义核心价值观作为孤立的理论系统来探究。如此，无论研究的结论如何，其落脚点必然都局限在富强、民主、文明、和谐的国家层面价值目标，自由、平等、公正、法治的社会层面价值取向，爱国、敬业、诚信、友善的公民个人层面价值准则的三方面之间的关系，讨论的仅仅是社会主义核心价值观内部构成要素的系统。

其实，我国当代所倡导建设的社会主义核心价值观不仅仅是作为一种“系统”，它还具有“整体”“部分”等不同的存在和发展形态，而不同形态所蕴含的逻辑体例又具有不同的内容和形式。具体而言，主要包括作为“整体”形态的社会主义核心价值观相对于社会中所存在的其他形式的价值观念的逻辑体例、作为“系统”形态的社会主义核心价值观相对于其三大构成部分之间的逻辑体例和作为“部分”形态的社会主义核心价值观相对于每个组成要素内部所包含的具体内容之间的逻辑体例。也就是说，社会主义核心价值观逻辑体例的确定主要取决于两大因素：一是不同形态社会主义核心价值观所处的相对环境；二是不同形态社会主义核心价值观的功能定位。前者是确定社会主义核心价值观逻辑体例的前提范畴，因为只有存在于相对环境中社会主义核心价值观的逻辑体例才是稳定可知的；后者是确定社会主义核心价值观逻辑体例的基本标准，因为不同功能的社会主义核心价值观，其逻辑体例的具体表现是相异的。这些也是决定我们能否全面认识社会主义核心价值观的重要指标。

一、作为“整体”相对于其他形式价值观念之间的逻辑体例

“整体”是指事物的全体组成部分所表现出来的不可分割性和有机统一性。在此意义上，社会主义核心价值观可被当作“个体”形式上的“整体”。“整体性”是社会主义核心价值观在当代存在和发展的基本形态之一。此时，确定社会主义核心价值观逻辑体例的相对环境，就是着眼于包括整个社会中所有形式的价值观念在内所形成的宏观环境，或者说社会的价值观念环境。

众所周知，当代社会中不仅存在社会主义的价值观念，还有诸如以“自由”“民主”“平等”“博爱”为主要内容的“资本主义价值观”，甚至“纲”“常”“伦”“礼”为主要内容的“封建主义价值观”。不仅有处于主流主导位置的“核心价值观”，还有所谓放之四海而皆准的“普世价值观”，“衣”“食”“住”“行”等方面的“基本价值观”。不仅存在进步的、正确的、科学的“正面价值观”，还有落后的、错误、腐朽的“负面价值观”，也有强调个人利益诉求的个体价值观、突出社群利益满足的集体价值观，以及维护整体利益实现的社会价值观，等等。

各式各样、多如繁星的价值观念共存共有是当今社会价值观念领域的现实状况。同时，由于科学技术的不断进步，以及社会环境的深刻变化和人际交流的日益频繁，不同类型、不同取向、不同层次的价值观念之间的相互交流、相互交融、相互交锋，彼此之间相互作用、相互影响、相互斗争也成了当今社会价值观领域中不可避免的常态形势。

对此，我们应该清楚地认识到，作为一个整体考量的社会主义核心价值观，在我国各式各样社会价值观念环境的逻辑体例中具有特殊的存在形态，是在整体上的“社会主义”和“核心”价值观念的逻辑体例，这也是社会主义核心价值观与其他形式的价值观念在本质上的区别。

二、作为“系统”相对于四大组成部分之间的逻辑体例

“系统”是指构成事物整体的各个要素之间所存在的相对稳定的关联性。在此意义上，社会主义核心价值观是由三大层面构成的“系统”，“系统性”也正是社会主义核心价值观在当代存在和发展的基本形态之一。如此，确定社会主义核心价值观逻辑体例的相对环境就是立足于其三大构成层面所形成的中观环境，或可称为社会主义核心价值观的内环境。而确定社会主义核心价值观逻辑体例的基本标准显然是每一个构成要素的功能定位。

“富强、民主、文明、和谐，自由、平等、公正、法治，爱国、敬业、诚信、友善”是社会主义核心价值观的三大组成层面，在社会主义核心价值观内在的价值环境中，这三大组成层面相互之间有着稳定的逻辑体例。

具体而言，社会主义核心价值观的三大组成层面在价值指向上既相互有别、各有侧重，又相辅相成、相互促进。在“相互有别、各有侧重”方面，正如2014年5月4日，习近平总书记在北京大学师生座谈会上的讲话中所指出的：富强、民主、文明、和谐，自由、平等、公正、法治，爱国、敬业、诚信、友善，传承着中国优秀传统文化的基因，寄托着近代以来中国人民上下求索、历经千辛万苦确立的理想和信念，也承载着我们每个人的美好愿景。我们要在全社会牢固树立社会主义核心价值观，全体人民一起努力，通过持之以恒的奋斗，把我们的国家建设得更加富强、更加民主、更加文明、更加和谐、更加美丽，让中华民族以更加自信、更加自强的姿态屹立于世界民族之林[①]。这清晰指明了：国家层面的价值目标、社会层面的价值指向、公民个人层面的价值准则之间的密切关系。

综上可见，作为一个“系统”，社会主义核心价值观的三大组成层面之间是以功能有别、相互促进、共同作用的缜密、完整的逻辑体例存在和发展的。这也是社会主义核心价值观区别于其他价值观念的基本彰显。

①习近平．习近平谈治国理政[M]．北京：外文出版社，2014：169.

三、作为“部分”相对于具体包含内容之间的逻辑体例

“部分”是构成事物整体和系统的组成要素，是维系整体、系统存在和发展的基本单元。在此意义上，社会主义核心价值观的三大层面也可被细化为由每一个基本单元组成的三大“部分”。“部分性”同样是社会主义核心价值观在当代存在和发展的基本形态之一。此时，确定社会主义核心价值观逻辑体例的相对环境就是聚焦于每一个构成要素所形成的微观环境，或可称为社会主义核心价值观的要素环境。而确定社会主义核心价值观逻辑体例的基本标准就是三大构成要素具体包含内容的功能定位。

具体而言，社会主义核心价值观的“国家层面的价值目标”“社会层面的价值指向”“公民个人层面的价值准则”这三大组成层面每一个都包含着更为具体的内容，具有丰富的内涵，而在每一层面的具体内容之间所形成的价值环境中，因各自功能定位的差别，又形成了各自具体的逻辑体例。

对此进行针对分析，首先，“国家层面的价值目标”包含了侧重于经济方面的国家层面价值目标——“富强”；侧重于政治方面的国家层面价值目标——“民主”；侧重于文化方面的国家层面价值目标——“文明”；侧重于环境方面的国家层面价值目标——“和谐”。

其次，“社会层面的价值指向”包含了强调享有广泛权利方面的社会层面价值指向——“自由”；强调获得相同待遇方面的社会层面价值指向——“平等”；强调形成良好秩序方面的社会层面价值指向——“公正”；强调维系机制方面的社会层面价值指向——“法治”。

再次，“公民个人层面的道德准则”包含了突出革命传统方面的个人道德准则——“爱国”；突出职业素养方面的个人道德准则——“敬业”；突出为人处事方面的个人道德准则——“诚信”；突出待人接物方面的个人道德准则——“爱国”。

综上所析，作为具体的“部分”，社会主义核心价值观的每一个构成要素所包含的具体内容之间具有各自的逻辑体系，这也是社会主义核心价值观区别于其他价值观的具体表现。

结语

任何一种价值观念在其提出、发展、变化的过程中，都充满了争议、激辩、探讨，尤其是我国当代的社会主义社会主流意识形态的本质——社会主义核心价值观。在当前复杂的国际国内价值环境中，各种价值观念的碰撞、交锋不可避免。对此，我们必须树立正确的价值态度，秉承包容的价值理念，坚持科学的价值方法，认识到这既是社会主义核心价值观在当代必须面对的严峻挑战，也是难得的发展机遇，因为真理总是越辩越明的，科学的社会主义核心价值观也必将如同金子一样闪闪发光。本章对社会主义核心价值观科学内涵和逻辑体例当代形态的概括和分析并非是也无法穷尽社会主义核心价值观所涵盖的所有方面和内容，而只是基于大众化的维度，为社会主义核心价值观的广泛认同、为社会主义核心价值观的培育和践行提供一种个人视角。

第五章　构筑：社会主义核心价值观的文化品格

品质是事物特征的根本体现，是人们认识事物的重要标识，对于社会主义核心价值观而言，其品质的核心源于其所属文化的内在规定性。

“品格”一般指内化于心而外显于行的、稳定的个体人的特质，其被广泛地应用于众多学科，作为类化的人的标准。在不同的学科中所具体采用的词也不太一致。如在心理学中，所使用的是“性格”（character，与品格同词）或“人格”（personal），表示由于先天遗传因素和后天环境因素影响而形成的“人在对现实的稳定的态度和习惯化的行为方式中所表现出来的个性心理特征”[①]，并以此将人分为不同的性格结构，将人类化为群体，如内倾的或外倾的（依据人的心理活动倾向性划分，以瑞士心理学家卡尔·古斯塔夫·荣格“Carl Gustav Jung”为代表）、冲动的或理智的（依据心理机能划分，以英国心理学家亚历山大·培因“Alexander Bain”为代表）、独立的或顺从的（依据个体的独立性划分，以我国心理学家卢家楣为代表）。在社会学中采用的是“角色”（role）或“个性”（personality，与人格同词源），被直接冠以类化群体的内容，称“同一群体中多数成员共同具有的心理特质和性格特点”[②]为社会个性或社会角色。

虽然不同学科的侧重点有所不同，但作为一种特质的表述，它们都强调在差异基础上的类化，并决定着个体在群体上的性质归属。当我们把这一群体视为一个国家或一个民族时，这种品格即为国民性或民族性。而在区别于个人的国家和民族角度，划分不同国民性和民族

①卢家楣，魏庆安，李其维．心理学[M]．上海：上海人民出版社，1998：383.

②王思斌．社会学教程 [M]．3版．北京：北京大学出版社，2011：64.

性的标准主要是由有“社会和民族分野”[①]之称的“文化”构成的社会环境。共同的社会文化环境塑造了同一的国民性和民族性，也造就了一个国家和民族共同的价值理念。正因如此，从文化的角度探究作为我国当代建设社会主义和谐文化的根本、社会主义主流意识形态的关键、植根于中国千百年传统文化精髓的社会主义核心价值观的文化品格，有利于我们进一步认识和把握社会主义核心价值观所具有的科学性、先进性和内在品格的强大作用力，增进整个社会对社会主义核心价值观的认同，坚定社会主义核心价值观对于当代中国特色现代化国家建设的信心和信念。正如美国著名的黑人民权运动的领袖马丁·路德·金（Martin Luther King, Jr，1929—1968）认为，一个国家的繁荣，不取决于它的国库之殷实，不取决于它的堡垒之坚固，也不取决于它的公共设施之华丽，而在于它的公民的文明素养，即在于人们所受的教育、人们的远见卓识和品格的高下，这才是真正的利害所在、真正的力量所在。

第一节　释义：文化和传统文化

认识的结果取决于我们观察的视角，基于不同的视角认识事物，其结论必然有所差异，正所谓“横看成岭侧成峰、远近高低各不同”。正确的认识结论要建立在客观、公正（全面）的视角上。当前，“基于现在的视角看过去”和“基于过去的视角看现在”是认识文化、传统文化和传统文化精髓的两种基本视角。单纯的前者容易陷入从高望低的俯视误区，形成不加区分、一概否定的文化虚无主义；单纯的后者则易于滋生从低望高的仰视谬误，形成不加甄别、厚古薄今的文化复古主义。正确的视角应是站在高处向“远”看、站在低处向“前”看。

中华传统文化是我们民族的“根”和“魂”，社会主义核心价值观深深地植根于中华的传统文化之中。对此，可以说，正是我国几千年从未间断的传统文化精髓塑造了社会主义核心价值观的基本品格。

①郑杭生．社会学概论新编：精编版[M]．北京：中国人民大学出版社，2009：9．

秉承全面的态度和站在科学的立场上系统梳理文化，把握中国传统文化的发展脉络和鲜明特质，是正确认识中国传统文化精髓之于社会主义核心价值观的塑造功能，进而科学认识社会主义核心价值观科学品格的基本向度。

一、文化内涵和功能的历史变迁

文化的功能是伴随着社会对文字认识的不断发展而变化的，这一变化在国内外的历史上殊途同归，都经历了一个由原始的“特定寓意”向现代的“文明内涵”转化的过程。

1. 文化内涵和功能在我国的历史变迁

在我国，在形式上看，对于文化及其功能的认识经历了由字到词的发展过程，在中国古代历史上，中国认识文化的最早形态是把“文”和“化”分开阐释的。这一时期，“文”和“化”的具体含义各有侧重，并不相同。就“文”而言，据现代考古发现，早在距今约4600—4000年前我国黄河中下游地区的龙山文化中的“骨刻文”里就有了雕在骨头上的“文”的图形符号。商周时期的甲骨文中也有关于“文”的象形字，其后的诸多历史典籍中更是多如繁星。而在不同典籍中关于“文”的含义界定又各有区别。在东汉文学家许慎所著的《说文解字》中将文的本意解释为：“错画也，象交文”[①]，意指“交错的花纹”，而在《现代汉语词典》中更是收录了16种不同的释义。归纳而言，主要有：其一，作为文字的不同形式，如甲骨文、钟鼎文、文言文、文章、公文等；其二，作为具有相对意义的概念，如相对于“武”的“文官”之文、相对于“理”的“文科”之文、相对于“猛烈”的“文弱”之文；其三，作为具体指向的概念，如姓氏的“文天祥”之文、计量单位的“一文钱”之文，通“纹”的“文身”之文；其四，作为抽象意义的概念，如礼节仪式、自然界或人类社会的某些现象、社会发展到较高阶段表现出来的状态等[②]。

①李恩江，贾玉民．文白对照《说文解字》译述[M]．郑州：中原农民出版社，2000：814.

②中国社会科学院语言研究所词典编辑室．现代汉语词典[M]．6版．北京：商务印书馆，2012：1362—1363.

其中，“社会发展到较高阶段表现出来的状态”的解释就有了现代意义上“文化”的内容和功能。对于“化”来说，其源为“匕”，本意是一反一正的两个“人”，喻义由一种形态向另一种形态的“变”，如清代段玉裁所著的《说文解字注》中就解释为：“人而倒，变匕之意也”[①]；而《礼记·中庸》中：“其次致曲，曲能友诚，诚则形，形则著，著则明，明则动，动则变，变则化”[②]，则为“感化”“教化”的含义和功能。在《现代汉语词典》所收录的关于“化”的10种解释中，也强调“感化、教化”，如潜移默化、顽固不化等皆有此意。

汉代之后，具体说是西汉之后，我国的历史典籍中开始出现“文”与“化”的联用。西汉经学家、目录学家、文学家刘向所著的《说苑·指武》中就有：“圣人之治天下也，先文德而后武力。凡武之兴，为不服也。文化不改，然后加诛”[③]，这里的文化虽说在形式上实现了由字到词的转化，但其本质上仍然是两个字意义的叠加。其意义就是与武力相对应的，为“文治教化”之意，是以“文”实现“治”与“教化”的功能，即相对应“文”与“武”在治理上的作用。

在我国，真正使“文”与“化”合二为一、赋予全新内涵、成为具有现代意义和功能的是近代以后，逐渐被赋予了思想、价值、观念等丰富的内涵和功能。1934年，中国著名社会学家、犯罪学家，北京大学国际政治系教授严景耀在其博士论文《中国的犯罪问题与社会变迁的关系》中将文化表述为：“包括知识、信仰、艺术、道德、法律、习俗和一个人生活在某一集体内所必具的能力以及区别于其他集体的特征等在内的整体。”[④]这一论述主要将文化的内容和功能界定在精神或非物质的层面，开创了我国社会学关于文化、社会文化研究的先河。其后，我国著名的社会学家郑杭生、王思斌等都将文化作为其研究的重要内容，不断拓展和挖掘文化的内涵、功能和类化。如王思斌教授认为：“它是与自然物相对应的人类所创造的物质产品和精神

①(汉)许慎．说文解字注[M]．(清)段玉裁，注．上海：上海古籍出版社，1981：651．

②李学勤．十三经注疏[M]．北京：北京大学出版社，1999：1488．

③(汉)刘向．说苑全译[M]．王锳，王天海，译．贵阳：贵州人民出版社，1992：650．

④严景耀．中国的犯罪问题与社会变迁的关系[M]．吴桢，译．北京：北京大学出版社，1986：3．

产品的总和”“是社会的重要组成要素”，具有“整合”“导向”“维持秩序”“传续”等功能，“其中尤以价值观最为重要”[①]。湖南师范大学陈成文教授则从文化—人—社会之间的关系出发将文化表述为：“文化是人类共同创造出来的，可以通过学习获得的，能为人类传递下去的一切物质产品和非物质产品的总和”，具有“塑造人格”“目标指向”“规范约束”“价值整合”等功能，“其中价值整合是最重要的一种功能”[②]。在《现代汉语词典》中将文化界定为：“人类在社会历史发展过程中所创造的物质财富和精神财富的总和，特指精神财富，如文学、艺术、教育、科学等。”[③]

由此可见，我国当代学（术）界关于文化在内容上包含物质的和精神的两大层面，在功能上具有价值整合和塑造的关键作用等方面具有普遍共识。这不仅揭示了文化的本质，也阐明了文化的核心功能。对于我们全面认识和深入把握文化的内涵和外延及其对社会主义核心价值观的作用具有重要的借鉴意义。

2. **文化内涵和功能在西方的历史变迁**

与中国早期不同，在西方，文化一直是以整体的形式出现的。如同很多概念一样，西方关于“文化”（前文已有涉及）一词最早起源于拉丁语“cultura”，其本意为“耕种”“耕耘”，以及通过耕种、耕耘所获得的东西。文化的原始意义和功能是描述区别于自然，和人类的农业生产、农业文明密切相关。

进入近代，与宗教神学相对应的启蒙思想在自然科学、社会科学等领域蓬勃发展，西方关于文化的认识和理解发生了巨大的变化，文化也逐渐成为基础概念被广泛地应用于社会学、心理学、哲学等诸多新兴学科，并成为这些学科的核心内容之一。其中，最早明确定义文化概念并掀起研究热潮的是西方近代历史上英国著名的文化人类学家、古典进化论的主要代表爱德华·泰勒（Edward Tylor，1832—1917），他基于进化论的思想在其著作中先后两次对“文化”

①王思斌. 社会学教程[M]. 3版. 北京：北京大学出版社，2011：36-40.

②陈成文. 社会学[M]. 长沙：湖南师范大学出版社，2005：319-329.

③中国社会科学院语言研究所词典编辑室. 现代汉语词典[M]. 6版. 北京：商务印书馆，2012：1363.

进行了阐述。第一次是1865年在其《人类早期历史与文化发展之研究》（英文书名：Researches into the Early History of Mankind and the Development of Civilization）一书中，他将文化界定为包括知识、艺术、宗教、神话、法律、风俗以及其他社会现象在内的复杂的总体；第二次是1871年在其《原始文化》（英文书名：Primitive Culture）一书中，他将文化的内容调整为：文化，或文明，就其广泛的民族学意义来说，乃是包括全部的知识、信仰、艺术、道德、法律、风俗以及作为社会成员的人所掌握和接受的任何其他的才能和习惯的复杂整体[①]。但一如严景耀教授关于"文化"内容和功能的阐述，泰勒的文化概念侧重于文化精神层面的内容描述，缺乏对物质层面的涵盖，也并未指出文化的社会功能，同时将文化与文明大致等同。

这一状况得到了功能学派的奠基人之一、英国著名人类学家布伦尼斯洛·马林诺夫斯基（Malinowski BronislawKaspar，1884—1942）的改善，在其著作《文化论》（英文书名：A Scientific Theory of Culture，原意为：科学的文化理论）中，他将文化界定为"是指那一群传统的器物、货品、技术、思想、习惯及价值而言的。这概念包容着及调节着一切社会科学。我们亦将见，社会组织除非视作文化的一部分，实是无法了解的。"[②]他在泰勒观点的基础上不仅将文化的范畴扩展到"器物"等物质层面和调节功能，并且突出了文化构成的价值要素。

美国人类学家克鲁伯、A·L（Alfred Louis Kroeber，1876—1960）和C·克拉克洪（Clyde Kluckhohn，1905—1960）合著的《文化：一个概念的考评》（英文书名：Culture：a Critical Review of Concepts and Definitions）中进一步将文化理解为：存在于各种外显的和内蕴的模式当中，借助符号的运用得以学习与传播，并构成人类群体的特殊成就。这些成就包括他们制造物品的具体样式，由传统思想观念和价值组成的文化基本核心，其中尤以价值最重要。这一概念较为全面地揭示了文化的基本形式、内容构成、核心要素和作用机制，突出了价值观念在文化中的特殊地位。也因为如此，这一观点对当代文化

①(英)爱德华•泰勒. 原始文化[M]. 连树声，译. 上海：上海文艺出版社，1992：1.

②(英)马林诺夫斯基. 文化论[M]. 费孝通，译. 北京：华夏出版社，2001：2.

领域的研究起到了广泛而深刻的影响，并得到了当代西方学术界的高度认同。

综合对文化认识的发展历程，一个显而易见的结论是：在社会不断发展的背景下，文化的内涵在不断丰富且日益丰富，文化的功能也在不断扩展且正在扩展，其中对于价值观念的集中关怀逐渐成为人们对文化功能的共识。

二、我国传统文化的当代限阈

丰富的内涵和复杂的构成导致文化在具体表现上具有多样性的特征。即在不同国家民族之间以及同一个国家民族内的不同时期，文化具有不同的内容和形式。因此，在人与人、民族与民族、国家与国家之间的相互交往中，文化的交融与碰撞不可避免，文化的传承与借鉴成了一种应然和必然。

同时，文化的多样性必然会造成文化在不同国家民族、同一国家民族不同时期的具体功能作用具有多样性的倾向和取向。如作用会有大有小，有强有弱，甚至有推动的也有滞后的。这对于一个历史文化从未间断、对外交流此起彼伏的五千年文明古国而言，对待文化的多样性，必须站在建设社会主义核心价值观这一具有特定目标的当代高度，传承和弘扬传统文化，尤其是五千年历史所形成的传统文化。

1. 时间维度上“传统的”传统文化

正确对待传统文化、充分发挥其功能作用的前提是我们要正确理解“什么是传统文化”。

其中，如何理解“传统”是关键和首要所在。在《现代汉语词典》中，“传统”具有三层含义：一是世代相传的具有特定的社会因素；二是作为形容词的世代相传或相沿已久并具有特点的；三是守旧，保守[①]。虽然具体用法不同，但三种解释显然均有强调时间的因素。尤其是第一种释义，基本上已经等同于文化的寓意。简单而言，传统文化即是传统的文化，传统是用以界定和划分文化发展阶段的时

①中国社会科学院语言研究所词典编辑室．现代汉语词典[M]．6版．北京：商务印书馆，2012：201.

间标识，作为时间节点来区别现在的。具体而言，传统文化是与现代文化相对应的，因此经常被理解为过去的、已经逝去的文化。这里首先应明确，作为一种文化形式，传统文化并非简单的、已经过去的，而是与现在、未来相继承的，对现在、对未来都有着重要的影响作用，即传统文化是世代相传的。这也是我们当下强调要传承传统文化的逻辑基础。

和西方主要国家历经封建“神学统治”向近代资本主义“民主观念”的社会巨变所引起的思想启蒙和文化变革相比较，我国历史发展中封建社会漫长且思想高度统一的特殊情况，导致了在两千多年的封建时代，对思想文化的真正系统地反思较少，思想文化活动主要是以补充的形式为主。因此可以说并不存在绝对的传统文化和现代文化之分。若要仔细追溯考究，我国出现对传统文化的思辨可以理解是在鸦片战争以后，随着西方列强武力和文化渗透等对中国的入侵，近代一批先进的知识分子开始反思流传了两千多年的以儒家文化为核心的传统思想，这就有了洋务运动中的“中学为体、西学为用”、戊戌维新中的“兴民权、开议院”以及20世纪早期倡导民主和科学的新文化运动等。这时，一种在形式上有别于以前的文化基本形成。但作为对当前的功能作用，其实并不需要严格地确定从哪一个具体的时间点来划分“传统”与“现在”。如果以鸦片战争为节点，那显然就否定了鸦片战争以后中国人民在反抗西方列强和帝国主义侵略、争取国家独立和民族解放斗争中所形成的井冈山精神、延安精神等优良传统；而如果以新中国成立为节点，那么就忽略了在社会主义建设过程中所形成的雷锋精神、王进喜精神等。因此，在社会主义核心价值观建设中，传统文化的作用应是相对而言的。

总之，虽然我们强调传统文化在时间上是相对的，但在社会主义核心价值体系和社会主义核心价值观等社会主义主流意识形态建设中，为便于认识和掌握，对传统文化在发展脉络、基本走向上还应该有一个清楚的梳理。对此，清华大学曹德本教授在其主编的《中国政治思想史》中提出了六阶段划分法，将商周等先秦视为思想形成期、秦汉隋唐为思想文化发展期、宋明为思想完善期、明末清初为思想反思期、鸦片战争到戊戌变法的晚清为思想转型期、辛亥革命以后为思想变革期，既特点分明，又一目了然，因而具有典型意义。

2. 内容维度上“精髓的”传统文化

对传统文化的认识一方面是如何在时间维度上理解“传统”，另一方面应着眼于在多样性的功能上正确鉴别传统文化的内容，尤其是我国传统文化的具体内容。

文化具有丰富的内涵，在上下五千年的历史长河中，无论在官方还是民间，一直有对前代的历史进行撰述和总结以进行借鉴的传统。我国历史上思想文化名家辈出，孔子、老子、荀子、孙子、墨子等诸子百家争鸣；儒、释、道、法、农、阴阳等各种思想学说林立；诗经、离骚、四书五经、四大名著、二十四史；序、跋、注、表、集、诗、词、歌、赋、曲、小说等形式多样、体量巨大、广博精深、汗牛充栋。不同的学派、不同的政治主张、不同的利益诉求使得这些思想文化在价值取向和倾向上存在千差万别，在功能上各式各样，甚至尖锐对立、南辕北辙，进步与落后、积极与消极、文治和武功并存。对此，显然要“有鉴别地加以对待，有扬弃地予以继承，既不能片面地讲厚古薄今，也不能片面地讲厚今薄古”①。

简言之，这里有一个辨别和选择的过程。只有优秀的传统文化即传统文化中的精髓，才能真正起到积极作用，促进社会主义核心价值观的培育和践行。具体而言，就是要站在当下的立场上判别哪些内容是传统文化的精髓、哪些是糟粕。对此，《现代汉语词典》将“精髓”喻为“事物最重要、最好的部分”②。可见对传统文化“精髓”的辨别既是一个事实上的判断过程，又是一个价值上的权衡过程，是两方面共同作用的结果。也就是说，对于传统文化精髓的判断和选择必须立足于当前我国社会主义核心价值观培育和践行的现实目标，充分探究不同文化的内在价值。因为只有传统文化的精髓才能塑造社会主义核心价值观的科学品格，才能切实增强社会主义核心价值观的优

①中共中央宣传部．习近平总书记系列重要讲话读本[M]．北京：学习出版社、人民出版社，2014：100.

②中国社会科学院语言研究所词典编辑室．现代汉语词典[M]．6版．北京：商务印书馆，2012：686.

越性和吸引力，最终实现全社会对社会主义核心价值观的自觉认同。

第二节　塑造：中国传统文化精髓之于社会主义核心价值观品格

社会主义核心价值观是植根于中国传统文化中的科学理论体系，具有优良的理论品格。对此，在理解和把握我国传统文化精髓对社会主义核心价值观品格的塑造中，“于社会主义价值观看中国传统文化”与“于中国传统文化看社会主义核心价值观”是两个基本维度。前者立足于社会主义核心价值观，通过对社会主义核心价值观自身的审视，分析其对中国传统文化精髓的承续，即社会主义核心价值观对中国传统文化精髓的传承和延续；而后者是基于中国传统文化的当代限阈，通过探究中国传统文化中的精髓对社会主义核心价值观科学品格的塑造。两方面的相互结合，既有利于全面考察社会主义核心价值观于中华民族传统文化精髓上的深厚理论渊源，又有利于深刻理解社会核心价值观的科学品格。

在此意义上，可以说，社会主义核心价值观是中国传统文化精髓的当代形态，具有典型的民族性和时代性；社会主义核心价值观对中国传统文化精髓的凝练，具有深厚的包容性和创新性。这两方面的共同作用代表了我国全体人民的根本利益，彰显了社会主义核心价值观强大的凝聚力和生命力。

一、民族性与时代性的结合

民族性与时代性是两个相对的品格。从形式上而言，两者具有一定的矛盾性，但正是这一矛盾铸就了社会主义核心价值观的强大凝聚力。

众所周知，作为一定社会所倡导和建设的价值观念，使全体社会成员具备核心的凝聚力是其基本目标，即其能否在原有文化传承的基础上，响应相应时代的召唤、契合相应时代的要求而聚合全社会的意志，团结全体社会成员的力量，形成共同的价值追求是衡量该价值观念能否成为该社会核心的价值观的基本准则。

对此，一方面，植根于中华民族源远流长、内涵丰富的传统文化之中的社会主义核心价值观，其所汲取的中华民族优秀传统文化中最根本、最精华的部分必然使其具有典型的中华民族特质，是中国特色的社会主义核心价值观，具有深刻的民族性。另一方面，社会主义核心价值观是我们党和国家在提炼、提升中华民族传统文化精髓的基础上形成的，是适合我国社会主义初级阶段基本国情的社会主义主流意识形态建设的本质内容，具有鲜明的时代性。

如爱国主义是中华民族传统文化中的璀璨明珠，历史上无数的仁人志士表现出来的渴望国家富强统一、民族独立发展的忧国、护国、报国等情怀和行为，都为以爱国主义为核心的民族精神的形成提供了理论和实践上的来源。

早在诸侯割据、争霸不休的春秋战国时期，我国诸多的思想家们就开始从用人之道、治国之策等不同的角度阐述了各自对国家强盛的理想追求。如孔子从选“仕”的角度指出了文化素质对为官理政者的重要性，强调“仕而优则学，学而优则仕”①，如此才能实现“其身正，不令而行；其身不正，虽令不从”②。荀子发展了孔子“仕”的思想，强调“尚贤使能”对于治国的重要性，指出“国者，天下之大器也，重任也，不可不善为择所而后错之，错险则危”，因而在用人标准上主张“强固荣辱在于取相矣。身能，相能，如是者王”③。墨子更是从量化的角度上指出“贤良”的“厚寡”对治理国家的重要性，提出“是在王公大人为政于国家者，不能以尚贤事能为政也。是故国有贤良之士众，则国家之治厚；贤良之士寡，则国家之治薄。故大人之务，将在于众贤而已。”④而在治国之策上，孟子从调节义利二者的关系来实现国家之治，他主张“为人臣者怀利以事其君,为人子者怀利以事其父,为人弟者怀利以事其兄,是君臣、父子、兄弟终去

①李学勤. 十三经注疏 [M]. 北京:北京大学出版社,1999:259.

②李学勤. 十三经注疏 [M]. 北京:北京大学出版社,1999:173.

③北京大学《荀子》注释组. 荀子新注[M]. 北京:中华书局,1979:169.

④墨子[M]. 李小龙,译注. 北京:中华书局,2007:49.

仁义,怀利以相接,然而不亡者,未之有也”[①]，并强调“舍生而取义”的思想观念。荀子在改造孔子“礼”的思想的基础上，提出“礼”与“法”相结合的治国理念，强调：“礼者,政之挽也。为政不以礼，政不行矣”[②]和“国无礼则不正。礼之所以正国也，譬之犹衡之于轻重也，犹绳墨之于曲直也，犹规矩之于方圆也”[③]。而商鞅更是将“法”提高到了人民的生命和治国的根本的高度，在《商君书·定分》中，商鞅强调：“法令者，民之命也，为治之本也，所以备民也。为治而去法令，犹欲无饥而去食也，欲无寒而去衣也，欲东而西行也，其不几亦明矣”[④]。

后期，还有脍炙人口的“常思奋不顾身，而殉国家之急”“鞠躬尽瘁，死而后已”“位卑未敢忘忧国”“先天下之忧而忧，后天下之乐而乐”“国家兴亡、匹夫有责”等爱国思想，多如繁星、不一而足。

如果说以诸子百家为代表的思想家们是我国以爱国主义为核心的民族精神的倡导者，那么以王昭君、文成公主、文天祥、戚继光、郑成功、林则徐等为代表的仁人志士就以他们的实际行动成为了以爱国主义为核心的民族精神的实际践行者。这里需要说明的是，虽然由于各自价值取向的差异和所处历史时期的特殊而有着这样和那样的不足和局限。但毫无疑问，包括这些关于治理国家的理念和爱国主义的行为等内容是爱国主义的具体表现，是当代以爱国主义为核心的民族精神的重要源泉。

当代，在中国共产党的领导下，集中全体人民的智慧，在传承中国传统文化精髓的基础上，立足于我国具体国情和发展目标，将爱国主义提升为“全心全意为人民服务”“集体主义”“爱国主义与爱社会主义的统一”“爱国主义与拥护祖国统一的结合”“爱国主义与自觉维护国家利益、促进民族团结的协调”等新内容，凸显了包括以爱国主义为核心的民族精神的时代品质，彰显了社会主义核心价值观强大的凝聚力。正如习近平总书记指出的：“认真汲取中华优秀传统文化的

①李学勤．十三经注疏[M]．北京：北京大学出版社，1999：326.

②北京大学《荀子》注释组．荀子新注[M]．北京：中华书局，1979：445.

③北京大学《荀子》注释组．荀子新注[M]．北京：中华书局，1979：169-170.

④商君书[M]．石磊，译注．北京：中华书局，2009：205.

思想精华，深入挖掘和阐发其讲仁爱、重民本、守诚信、崇正义、尚和合、求大同的时代价值。”①

二、包容性与创新性的并显

包容性与创新性是一对相向的概念，包容是创新的基础，而创新是包容的结果。

对于我国当前所倡导的社会主义核心价值观而言，如果缺乏包容的胸怀必然陷入闭关锁国、故步自封的境地，创新也就无从谈起。只有胸怀宽广，以理性的态度正确认识自己的优点和不足，才能立足自身、博采众长，不断创新，才能实现可持续发展，在复杂的国际国内环境中不断发展、完善，体现强大的生命力。

中华民族在形成和发展过程中创造的光辉灿烂、内涵丰富的传统文化，为植根于其中的社会主义核心价值观提供了直接的思想文化来源。同时，我国的传统文化本身也蕴含着丰富的开拓进取、与时俱进的精神，从而塑造了传承中国传统文化精髓的社会主义核心价值观以必然的广博包容性和持续创新性，赋予了社会主义核心价值观强大的生命力。

包容和创新是我国传统文化的基本品质。首先，在包容性上，如前所述，虽然在漫长的历史进程中，我国的传统文化一直是相对稳定的，以儒家思想为主导，甚至在个别时期表现出较为紧张的状态，如“焚书坑儒”“罢黜百家”，但这并不意味着我国的传统文化是绝对排外、完全自闭的。客观而言，这是凝炼当时社会主导思想的需要，从长期来看，我国传统文化主要表现出其广博的包容性。具体表现在我国两千多年的封建社会中以“社会上占主导地位、为社会上多数人所接受”②的儒家文化为主文化和诸如道教文化、佛教文化等“仅为社会上一部分成员所接受的或为某一社会群体特有”的亚文化共存共生的状态。在此期间，汉族文化与满、蒙、回、藏等少数民族文化之间也一直是处于交流交融的状态。这在形成我国传统文化多样性的同

①中共中央宣传部．习近平总书记系列重要讲话读本[M]．北京：学习出版社、人民出版社，2014：101.

②郑杭生．社会学概论新编：精编版[M]．北京：中国人民大学出版社，2009：93.

时，也造就了中国传统文化的包容性。

其次，在包容性的基础上，我国传统文化还表现出了积极的创新精神。早在西汉时期，西北方就有张骞通西域、东汉时期班超出使西域所形成的“丝绸之路”，开辟了亚、欧、非之间连接的通道；在隋唐年间，“遣隋使”“遣唐使”“玄奘西行”“鉴真东渡”“茶马古道”等四通八达的对外联系使中国与周边的交流达到高潮；明朝时期“郑和下西洋”从海上实现了我国与东南亚、西亚乃至非洲等30多个国家之间的交流，等等。伴随着丝、绸、绫、缎、瓷器、粮食作物等器物之间的贸易，造纸术、印刷术、火药制作技术等文化之间的交流也得以实现。虽然这一时期的对外文化交流主要是以文化输出为主，但这些主动的对外交流开阔了视野、了解了世界、丰富了自身，体现了中国传统文化的海纳百川、开拓创新精神。

到了近代，面对西方列强的入侵，“林则徐”成为睁眼看世界的第一人，太平天国运动中的《资政新篇》提出了学习西方、制定法律制度、设立新闻馆、新办学校等主张；洋务运动中的创办新式学堂、派遣留学生；戊戌维新中维新派大力传播西方资产阶级社会政治学习和自然科学知识；资产阶级革命过程中，章炳麟的“启迪民智、除旧布新”，孙中山的“三民主义”等都体现了古老的中华民族为实现国富民强的强烈愿望和创新的精神。

在这一背景下，随着新文化运动、五四运动与俄国十月革命的胜利，李大钊、陈独秀、毛泽东等当时先进的知识分子以开拓的精神如饥似渴地学习马克思主义，周恩来、邓小平、陈毅等更是远赴海外学习救国救民的思想。到了20世纪20年代初期，他们开始了马克思主义的实践，由此开启了马克思主义在中国指导思想地位的伟大历程。

相比其他三大文明古国，古巴比伦在公元前220年、古印度在公元前190年、古埃及在公元303年前后纷纷泯灭，正是中华民族传统文化不断开拓、勇于创新的精神推动了中华民族五千年生生不息、从未间断的历史发展。也正是这种精神塑造了社会主义核心价值观的创新品格，彰显了社会主义核心价值观的强大生命力。

结语

当翻开厚重的中华民族历史画卷，瞻仰那五千年源远流长的政治、经济、文化、社会等辉煌璀璨的文明时，我们总是能以身为其中的一分子而感到自豪和骄傲；当看到中华民族曾经遭受的屈辱、侵略，我们总是能感同身受地悲伤和愤怒；当看到一代一代仁人志士奋起抗争、为国为民时，我们也总是能热血沸腾、激情澎湃。这些都是中华民族精神的集中体现，是推动中华民族文化得以永续的精神动力；这些都是祖先留给我们的宝贵财富和精神食粮，是每一个中国人身上永远无法抹去的文化烙印，是在当代中国实现国家富强、社会和谐、人民幸福的精神保障。因而，社会主义核心价值观作为当代中国文化建设的根本，其内在蕴含着中华民族优秀传统文化的精髓。这是我们理解和把握社会主义核心价值观所必须关注的重点内容。

第六章　探微：社会主义核心价值体系与社会主义核心价值观的辩证关系

比较是人们鉴别该事物、判定该事物是该事物，而非是其他事物的理性分析和认识阶段。对于社会主义核心价值体系而言，理解其与社会主义核心价值观之间的辩证关系是当前进一步深化认识、实现认同的重要方面。

2006年10月，党的十六届六中全会中第一次明确提出建设涵盖“马克思主义指导思想”“中国特色社会主义共同理想”“以爱国主义为核心的民族精神和以改革创新为核心的时代精神”“社会主义荣辱观”四大基本内容的“社会主义核心价值体系”，以之为引领社会思潮、形成全社会思想共识、凝聚全民族团结向上的精神纽带以来，围绕着“何为社会主义核心价值体系”“为什么要建设社会主义核心价值体系”和“如何建设社会主义核心价值体系”，并延展至关于价值、核心价值、社会核心价值等问题的讨论成为近年来学术界和理论界探讨的热点。以“社会主义核心价值体系”为关键词，通过中国知网学术期刊和硕博士论文全文数据库查询：仅在2007年一年内，题目中出现“社会主义核心价值体系”的期刊论文、会议论文、报纸、硕博士论文等就多达213篇。而在2012年11月，党的十八大报告又首次正式提出培育和践行包括以“富强、民主、文明、和谐”为标志的我国核心的国家价值观、以“自由、平等、公正、法治”为标志的我国核心的社会价值观、以“爱国、敬业、诚信、友善”为标志的我国核心的个人价值观三大层次“社会主义核心价值观”的理念，再一次在全社会掀起了关于“何为社会主义核心价值观”“为什么要建设社会主义核心价值观”和“如何建设社会主义核心价值观”，乃至关于价值观、核心价值观、社会核心价值观等方面研究的热潮。以“社会主义核心价值观”为关键词，同样通过中国知网学术期刊和硕博士论文全文数据库查询：社会主义核心价值观提出之后，在2013年，题目中包含“社会主义核心价值观”甚至直接以其为题的期刊论文、会议论文、报纸、硕博士论文等就多达9 601篇。到2014年，上升至4 556篇，2015年更是高达5 653篇。

学者们的热议一方面体现了加强社会主义核心价值体系建设与强化社会主义核心价值观培育和践行的迫切性，另一方面也反映了从理论的视角理清两者之间辩证关系的必要性。无论是社会主义核心价值体系的建设还是社会主义核心价值观的培育和践行，都必须建立在科学认识和把握两者之间外在相异性和内在统一性、实现两者的协调共存的基础上。只有在形式与内容上理清社会主义核心价值体系和社会主义核心价值观的辩证关系，做到“知其然”和“知其所以然”，才能形成共识，充分发挥其价值作用，更好地为中国特色社会主义现代化建设服务。

第一节　殊途：社会主义核心价值体系和社会主义核心价值观的相异性

从内容的范畴看，社会主义核心价值体系和社会主义核心价值观相互有别的特定内容决定了社会主义核心价值体系和社会主义核心价值观在属性趋向和存在状态上具有明确的相异性。

一、社会主义核心价值体系和社会主义核心价值观的客体和主体属性趋向的不同

关于“价值”到底是主观性的，还是客观性的亦或是主客观性统一的问题，古今中外的学者常有争辩，由此衍生的关于价值的主体性与客体性、主客体性之间关系等方面之争也屡见报端。这一方面从根源上为探究价值的本质提供了多样化的借鉴和启示，丰富了关于价值的理论，但另一方面也带来了对价值理解的混乱。而如前所述，“价

值”是构成社会主义核心价值体系和社会主义核心价值观的最基本要素。对价值理解的混乱，容易导致将社会主义核心价值体系和社会主义核心价值观相混淆，甚至简单等同。这必然影响人们对社会主义核心价值体系和社会主义核心价值观的正确认识，也对我国正在进行的社会主义核心价值体系建设和社会主义核心价值观培育的效应产生消极作用。其实，无论是价值的主观性、客观性层面之争，还是价值的主体性、客体性方面的探讨，都不可能离开特定的视域界限而无限展开。其一，特定的比较对象视域界限，即和什么比。相对于不同的比较对象，在价值的主客体属性的侧重上必然有所不同，如在经济学、社会学、社会心理学、哲学等不同学科领域中关于价值的主客体性强调就互有区别，所谓“横看成岭侧成峰、远近高低各不同”即是如此；其二，特定的目的需求视域界限，即为什么比。相对于不同的目的需求，在价值的主客体属性的偏向上也必然多种多样。如在我国价值哲学中关于价值的主客体性就有“人学路向、人类存在论路向、超验路向、生存论路向”[①]等不同的阐述，这也就有了“仁者见仁、智者见智”的说法。这两点也正是我们从属性趋向上正确理解社会主义核心价值体系和社会主义核心价值观之间差别的基本视域界限和标准。

第一，就社会主义核心价值体系和社会主义核心价值观之间互为比较对象而言，在两者的属性趋向上，社会主义核心价值体系的客体性更为突出，而社会主义核心价值观的主体性更为显著。从严格意义上来说，社会主义核心价值体系和社会主义核心价值观的形成有着一个从“价值”到“核心价值”再到“社会主义核心价值”，最终分别表现为“‘社会主义核心价值’的体系”和“‘社会主义核心价值’的观点”的不同存在形态的过程。在此过程中，虽然价值、核心价值、社会主义核心价值是这两者共同的基本构成要素，但社会主义核心价值体系是由社会主义核心的价值构成的体系，而社会主义核心价值观是由对社会主义核心的价值构成的体系的根本观点和看法而构成

①余在海，张传开．价值哲学的困境及其出路——价值哲学研究述评[J]．巢湖学院学报，2006(2)：3—5.

的体系。因而，前者是关于“价值”的体系，后者是关于“价值观”的体系。作为价值的体系而言，由于价值是以相对独立于主体人的外在物的客体形态存在的，故由指导思想方面的核心价值——“马克思主义”，共同理想方面的核心价值——“中国特色社会主义”，精神动力方面的核心价值——“以爱国主义为核心的民族精神和以改革创新为核心的时代精神”，道德准则方面的核心价值——“社会主义荣辱观”四大社会主义核心的价值组成的社会主义核心价值体系在存在形态上必然更多地表现为客体性的。而作为价值观的体系而言，由于价值观是以主体的人关于价值方面问题的根本观点的主体形态存在的，所以，由国家发展层面的价值观——“富强、民主、文明、和谐”，社会发展层面的价值观——“自由、平等、公正、法治”，个人发展层面的价值观——“爱国、敬业、诚信、友善”构成的社会主义核心价值观在存在形态上必然更多地表现为主体性的。

第二，就社会主义核心价值体系和社会主义核心价值观两者之间的目的需求比较而言，在两者的属性趋向上，社会主义核心价值体系也更多地表现为客体性的，而社会主义核心价值观则较大程度上表现为主体性的。这是因为无论对于社会主义核心价值体系还是社会主义核心价值观，其作用的充分发挥都重在建设，而建设的首要任务和要求是能够正确认识和理解社会主义核心价值体系和社会主义核心价值观。只有先正确地认识和理解，才能谈到理性地评价和选择，并最终实现自觉地认同和践行。为此，突出社会主义核心价值体系的客体性、强调社会主义核心价值观的主体性，更容易能被正确掌握。正如李德顺教授在关于中国特色社会主义核心价值的科学概括和阐述要求时所言：“形式易简不易繁”①。

二、社会主义核心价值体系和社会主义核心价值观的形式与层次存在状态的有别

如前所析，相对于我国社会中其他形态的价值和价值观，社会主义核心价值体系和社会主义核心价值观在社会主义的性质上和核心的

①李德顺．关于价值与核心价值[J]．党政干部学刊，2008(3):5.

地位上具有同一性。而要区分社会主义核心价值体系和社会主义核心价值观，需要转变参照对象，对这两者本身进行比较。这使两者明显地表现出在呈现形式和横向层次两方面的存在状态上是有别的。

首先，就社会主义核心价值体系和社会主义核心价值观两者之间的比较而言，在存在状态的表现形式上，社会主义核心价值体系表现为实现目标过程中的正确路径选择，而社会主义核心价值观直接表现为所希望达到的结果上的明确目标。简言之，即社会主义核心价值体系主要表现为“途径”而区别于社会主义核心价值观主要表现的“目标”。其一，社会主义核心价值体系的存在状态是以“途径”的形式呈现的。在此意义上，其可以理解为如何充分发挥社会主义核心价值体系的价值作用以满足社会主义社会全体人民需要的正确方法。具体而言，社会主义核心价值体系的四大组成部分中的“马克思主义”是在我国封建主义思想日益腐朽和资本主义思想最终失败的过程中寻找到的，在社会主义现代化建设过程中坚定下来的、并在以后的社会主义现代化建设过程中必须一如既往地坚持下去的，是在指导思想方面最科学的选择，是实现社会主义现代化建设目标在指导思想方面的途径；“中国特色社会主义”是在我国社会主义现代化建设过程中总结正反两方面经验的基础上探索出的一条能最大程度地解放和发展生产力，与我国社会主义初级阶段基本国情紧密结合的，在国家发展道路方面最适合的选择，是消灭阶级和两极分化、最终实现共同富裕目标在国家发展道路方面的途径；“以爱国主义为核心的民族精神和以改革创新为核心的时代精神”是在批判吸收我国传统团结奋斗的民族精神和充分汲取我国当前勇于创新的时代精神过程中凝练出来的，能最大化地凝聚社会合力，在精神动力方面是最优化的选择，是取得中国特色社会主义建设事业伟大胜利的目标在精神动力方面的途径；“以‘八荣八耻’为主要内容的社会主义荣辱观”是在我国为应对社会主义市场经济在道德层面带来的挑战过程中提出的，既与中国特色社会主义法律规范体系相协调，又充分继承中华民族传统美德，是在道德准则方面最鲜明的选择，是实现中国特色社会主义事业又好又快发展目标在道德准则方面的途径。四者都以正确“途径”的存在形式而展现。其二，社会主义核心价值观的存在状态是以“目标”的形式展现的。在此意义上，社会主义核心价值观的存在状态可以阐述为通过充分发挥社会主义核心价值体系的价值作用以达到社会主义社会全体人民所期望获得满足的程度目标。展开来说，社会主义核心价值观的三大构成层面中：“富强、民主、文明、和谐”是社会主义社会全体人民在国家发展层面上所期盼实现的目标状态，也是国家层面的发展程度对社会主义社会全体人民关于国家强盛方面的需求所应达到的满足高度；“自由、平等、公正、法治”是社会主义社会全体人民在社会发展层面上所希望实现的目标状态，也是社会层面的发展程度对社会主义社会全体人民关于社会进步方面需求所应达到的满足高度；“爱国、敬业、诚信、友善”是社会主义社会全体人民在个人发展层面上所追求实现的目标状态，也是个人层面的发展程度对社会主义社会全体人民关于个人幸福方面的需求所应达到的满足高度。三者都以明确的“目标”存在形式而展现。

其次，就社会主义核心价值体系和社会主义核心价值观两者之间横向层次上的比较而言，在存在状态上，社会主义核心价值体系和社会主义核心价值观所处的地位有所不同，社会主义核心价值体系位于外在的基础地位，而社会主义核心价值观居于内在的中枢地位。这是由于社会主义核心价值观是对社会主义核心价值体系的根本看法和态度。因此，在形成的时间序列上，社会主义核心价值体系先于社会主义核心价值观而存在。社会主义核心价值观是在对社会主义核心价值体系进行科学概括和高度凝练的基础上形成的根本看法和态度；社会主义核心价值体系是社会主义核心价值观形成的具体对象和价值基础。两者所处的横向层次有着先与后、高与低之分。

这里需要特别说明的是：我们将社会主义核心价值体系相对地归属为客体性的，将社会主义核心价值观相对地归属为主体性的，并非是绝对否定社会主义核心价值体系的主体性和社会主义核心价值观的客体性，不是彻底割裂两者的主客体性联系；将社会主义核心价值体系界定为途径上的基础地位，将社会主义核心价值观界定为目标上的中枢地位，也并非是将社会主义核心价值体系和社会核心价值观绝对对立起来，不是彻底划分两者的区别界限。主要是为了更加有利于正确认识社会主义核心价值体系和社会主义核心价值观之间的辩证关系而展开的探讨，以避免落入“看山不是山、看水不是水”的混沌状态，并以此来确立社会主义核心价值体系建设和社会主义核心价值观培育的正确方向，增强社会主义核心价值体系建设和社会主义核心价值观培育的效度，以充分发挥两者在中国特色社会主义建设的伟大事业中的价值作用。

第二节　同归：社会主义核心价值体系和社会主义核心价值观的统一性

从语义上看，社会主义核心价值体系和社会主义核心价值观的“价值的”“核心的”“社会主义的”共性造就了社会主义核心价值体系和社会主义核心价值观天然的统一性。

一、社会主义核心价值体系和社会主义核心价值观在价值目标诉求上的趋同

关于“价值”，马克思曾指出：“这个普遍的概念是从人们对待满足他们需要的外界物的关系中产生的”①。即在马克思看来，价值就是作为主体的“人们”为谋求其需要从作为客体的“外界物”的有用属性中获得满足的目标和作为客体的“外界物”的有用属性达到满足作为主体的“人们”的需要之间的关系。据此，作为反映主客体之间需要与满足关系的任何“价值”都有其特定的目标诉求和趋向。而由于社会主义核心价值体系是社会主义核心的“价值”构成的体系；社会主义核心价值观是人们关于什么是社会主义核心的“价值”、怎样评价社会主义核心的“价值”以及如何创造社会主义核心的“价值”等问题的根本观点和看法。显然，社会主义核心的“价值”既是社会主义核心价值体系构成的基本要素，也是社会主义核心价值观形成的基本要素，两者具有相同的目标诉求。

①马克思恩格斯全集：第19卷[M]. 北京：人民出版社，1963：406.

对于何为社会主义核心价值的目标诉求，马克思和恩格斯曾明确指出："代替那存在着阶级和阶级对立的资产阶级旧社会的，将是这样一个联合体，在那里，每个人的自由发展是一切人的自由发展的条件"[①]，此外，在《资本论》中，马克思再次强调："'共产主义'是以每个人的全面而自由的发展为基本原则的社会形式"[②]。可见，"人的全面而自由的发展"是社会主义核心的"价值"最根本的目标诉求，也必然是由社会主义核心的"价值"构成的社会主义核心价值体系和对社会主义核心的"价值"在认知、评价、选择等方面形成根本观点和看法的社会主义核心价值观两者共同的目标诉求。对此，在具体表现上：

首先，作为指导思想，马克思主义及包括"毛泽东思想""邓小平理论""'三个代表'重要思想"和"科学发展观"在内的中国化的马克思主义既是我们党和国家的指导思想，也是社会主义核心价值体系的灵魂，又是社会主义核心价值观中三大层次价值目标的指导理论。它的形成与发展的过程本身即是中国共产党人将马克思主义基本原理与中国革命和建设的具体实践相结合的过程，也是中国共产党领导全国各族人民实现全体中国人民"全面而自由的发展"目标在指导思想上的创新过程。

其次，作为共同理想，中国特色社会主义的建设目标从根本上来说就是立足于解决我国社会的主要矛盾即人民日益增长的物质文化需要同落后的社会生产之间的矛盾"。在社会主义初级阶段最大的基本矛盾的基础上，形成最广泛的社会共识，凝聚全社会的力量，大力解放和发展社会生产力，促进物质文明和精神文明的繁荣发展，实现国家的富强、民族的复兴和个人的幸福三者的密切联系，而最终的落脚点就是实现全体中国人民"全面而自由的发展"。这是中国特色社会主义共同理想成为社会主义核心价值体系主题的内在要求，而这一主题的彰显在具体目标上就是"富强、民主、文明与和谐的国家""自由、平等、公正与法治的社会""爱国、敬业、诚信与友善的个人"

①马克思恩格斯选集：第1卷[M]. 北京：人民出版社，1995：294.

②马克思. 资本论：第1卷[M]. 北京：人民出版社，1975：649.

三方面社会主义核心价值观的实现可能。

再次，作为精神支撑，以爱国主义为核心的民族精神和以改革创新为核心的时代精神包含“民族精神的传承”和“时代精神的创新”两方面内容。从“民族精神的传承”来看，在几千年的历史长河中，中华民族正是以“爱国主义”为纽带形成了凝聚各族人民为实现全体中国人民“全面自由地发展”而自强不息、团结奋斗的民族精神；从“时代精神的创新”来看，在社会主义建设的新征程中，中国共产党人树起“改革开放”的大旗，带领全国人民解放思想、勇于开拓，积极吸收一切有利于全体中国人民“全面而自由的发展”的文明成果，形成以“改革创新”为核心的时代精神。两者结合成为社会主义核心价值体系的精髓，并共同铸就了实现“国家的富强、民主、文明与和谐”“社会的自由、平等、公正与法治”“个人的爱国、敬业、诚信与友善”三部分的社会主义核心价值观的精神动力。

最后，作为道德准则，以“荣誉”与“耻辱”呈现的社会主义荣辱观鲜明地提出了当代中国社会关于真与假、善与恶、美与丑、对与错、是与非等对立的价值取向，为全体中国人民的行为选择提供了明确的道德标准。这本身就是在社会主义现代化建设过程中，社会主义核心价值体系于道德层次上的具体要求，同时也是培养“爱国、敬业、诚信与友善”的个人在道德方面的应然组成，其价值目标的指向是全体人民“全面而自由地发展”。

二、社会主义核心价值体系和社会主义核心价值观在核心的纵向地位上的一致

“核心”，是指在同一类的事物中起到决定其存在与发展方向的（作用的），处于中心和主流地位的部分。对于社会主义核心价值体系和社会主义核心价值观而言，两者在各自纵向的“价值”和“价值观”系统中都强调其中心和主导的“核心”地位，即社会主义核心价值体系是指在社会主义社会的各种价值中处于核心地位的，有别于其他类型的价值而决定其社会主义的根本性质、影响其存在与发展方向的价值体系；社会主义核心价值观是指在社会主义社会的各种价值观中处于核心位置，区分于其他种类的价值观而决定其社会主义的根本

性质、影响其存在与发展方向的价值观内容。正如侯惠勤教授所言：核心价值观奠定了相关社会的主导价值，决定了一定历史条件下的主流民意[①]，戴木木教授在界定核心价值体系时也强调核心价值体系在特定社会中统摄、引领、支配和主导的地位。

任何社会形态中的价值都不是单一的，在表现形式和具体内容等方面呈现出多样性，即价值多元化。在社会主义社会中，社会主义核心价值体系是指其中居于"核心"地位的价值体系。对此，社会主义核心价值体系的"核心"地位具体体现在以下四方面：

第一，马克思主义的指导性地位。当代中国是一个各种思想层出不穷、各种思潮激荡起伏的社会，马克思主义及包括由一脉相承、与时俱进的毛泽东思想、邓小平理论、"三个代表"重要思想、科学发展观以及党的十八大以来，习近平总书记的一系列讲话精神构成的中国化的马克思主义是我国一直坚持的指导性思想体系，这一体系共同构成了我国立党立国的基石，决定着我们国家和社会形态的根本性质和发展方向，在众多的思想中居于主导和统摄地位，引领着各种思想和思潮，是起到"定海神针"作用的指导思想，体现了社会主义核心价值体系在灵魂上的"核心性"。

第二，中国特色社会主义共同理想的唯一性地位。中国特色社会主义道路是中国共产党领导中国人民在近代屈辱的百年历史中，历经了农民阶级"王朝轮回"的太平天国运动、封建地主阶级"中体西用"的洋务运动、资产阶级保守派"改良图存"的戊戌变法和资产阶级革命派"武装起义"的辛亥革命等失败后，找到的一条将马克思主义普遍真理和中国实际相结合的走中国特色社会主义的、能够实现国家富强和发展、民族独立和解放、人民自由和幸福的唯一道路，体现了社会主义核心价值体系在主题上的"核心性"。

第三，以爱国主义为核心的民族精神和以改革创新为核心的时代精神的精髓性地位。以爱国主义为核心的民族精神是对在我国漫长的历史时期中出现的各种民族精神进行去伪存真，汲取出的最能体现中华民族特有的、最为精华的民族精神；以改革创新为核心的时代精神

①侯惠勤．在社会主义核心价值观的概括上如何取得共识？[J]．红旗文稿，2012(8)：9.

则是在我国改革开放的历史进程中，对内涵丰富、形式多样的时代精神进行提炼而来的最能集中体现我国人民锐意进取、勇于创新的时代品质的部分。两者共同体现了社会主义核心价值体系在精髓上的“核心性”。

第四，社会主义荣辱观的针对性地位。社会主义荣辱观是为了应对当前我国社会主义市场经济环境中日益涌现的诸如极端个人主义、拜金主义、享乐主义乃至封建迷信等各种腐朽思想不断冲击着人们关于金钱、义利、道德等正确价值取向的严峻挑战而提出的，将中华民族传统美德和时代要求密切结合，古为今用、推陈出新，以鲜明对立的荣与辱为全社会成员提供必须共同遵循的道德规范和行为准则，因而具有最为突出的针对性，体现了社会主义核心价值体系在基础上的“核心性”。

同样，在任何社会形态中也不可能只存在一种价值观，而是多元价值体系，社会主义社会的核心价值观是其中居于“核心”地位的价值观。这是由于当前我国社会正处于建设和发展关键时期，各种国外的与国内的、历史的与现实的、正确的与错误的、先进的与落后的、科学的与迷信的、庸俗的与高尚的等多形式、多样性的价值观在我国都能找到其踪影，有的甚至在一定程度上影响到国家的稳定、社会的进步和个人的发展。正是基于勇敢正视这一复杂的新形势和积极解决出现的新问题的态度，党的十八大报告中指出：从国家、社会和个人三个密切联系、相互促进的层面确立社会主义社会主流的价值观，为社会主义社会全体人员树立正确价值取向的标杆，以反映社会主义社会在价值观上的根本要求。因此，社会主义核心价值观是社会主义社会所倡导和追求的“核心”层次的价值观，具有主导性、全局性、根本性。

三、社会主义核心价值体系和社会主义核心价值观在社会主义的根本性质上的共源

关于“社会主义”，邓小平在1992年“南方谈话”中就明确指出：“社会主义的本质，是解放生产力，发展生产力，消灭剥削，消

除两极分化，最终达到共同富裕。”①这一科学论断包含两方面的基本内涵：一是强调社会主义的本质是“解放生产力，发展生产力”，二是昭示社会主义的目标是“消灭剥削，消除两极分化，最终达到共同富裕”②。其中，解放生产力、发展生产力是过程，消灭剥削、消除两极分化、最终达到共同富裕是结果，发展是核心。因此，作为社会主义的核心价值体系和社会主义的核心价值观在根本性质上必然体现“社会主义”这一科学论断的共同源头、共同归属有别于其他社会意识形态的社会主义主流意识形态范畴。

不断“解放和发展生产力、达到共同富裕”是社会主义核心价值观中实现国家层面“富强、民主、文明、和谐”发展目标的前提条件，是实现社会层面“自由、平等、公正、法治”发展目标的根本任务，是实现个人层面“爱国、敬业、诚信、友善”发展目标的本质要求。这既是对邓小平同志的“发展是硬道理”，江泽民同志的“发展是党执政兴国的第一要务”，胡锦涛同志的“科学发展”等一脉相承的发展理念在价值观上的科学诠释，又明确界定了社会主义核心价值观的社会主义性质。

同时，最大程度上解放和发展生产力，最终达到共同富裕必须在发展中坚持马克思主义指导思想的地位，坚持走中国特色社会主义的道路，坚持弘扬以爱国主义为核心的民族精神和以改革创新为核心的时代精神，坚持践行社会主义荣辱观。

其一，必须坚持马克思主义指导思想的地位。马克思主义是我国社会主义建设的方向保障。与人类社会中以往的所有哲学不同，“马克思主义哲学以无产阶级和人类解放为主题”③。因此，马克思主义及其中国化理论是我国社会主义社会必须长期坚持的指导思想。正是有了马克思主义及其中国化理论的科学指导，我国的社会主义建设才能持续解放和发展生产力，才能始终保持正确的方向，才能取得一个又一个举世瞩目的巨大成就，国家日益强大、社会不断发展、人民整

①邓小平文选：第三卷[M]. 北京：人民出版社，1993：373.

②本书编写组. 毛泽东思想和中国特色社会主义理论体系概论[M]. 北京：高等教育出版社，2010：118—119.

③本书编写组. 马克思主义哲学[M]. 北京：高等教育出版社、人民出版社，2009：26.

体生活水平显著提高，从而实现了国家、社会、个人的共同发展。

其二，必须坚定中国特色社会主义的共同理想。中国特色社会主义是我国社会主义建设的理想凝聚力。与其他国家的情况不同，中国特色社会主义道路是中国共产党人在解决社会主义初级阶段所面临的“中国这样一个经济文化比较落后的发展中大国，如何建设、巩固和发展社会主义这个历史课题”①的过程中，找到的一条适合中国国情的发展道路，是社会主义优越性和吸引力的充分体现，并使中国特色社会主义成为凝聚全国各族人民团结一致、共同奋斗、确保发展成果惠及全体人民的坚定信念，从而实现了国家、社会、个人的持续发展。

其三，必须坚持弘扬以爱国主义为核心的民族精神和以改革创新为核心的时代精神。以爱国主义为核心的民族精神和以改革创新为核心的时代精神是社会主义建设的精神推动力。在中华民族的历史长河中，一代代仁人志士正是在爱国主义旗帜的感召下，精诚团结、前赴后继，以青春、热血谱写着彰显国家、民族和个人尊严与气节的华章；20世纪70年代末以来，中国共产党人又创造性地组成了包括“社会主义劳动者、社会主义事业的建设者、拥护社会主义的爱国者和拥护祖国统一的爱国者”在内的爱国主义统一战线，赋予了以爱国主义为核心的民族精神以崭新视野，构建出了富有鲜明时代特色的解放思想、改革创新和推动国家统一、民族独立和个人解放的强大动力，从而实现了国家、民族、个人的协调发展。

其四，必须坚持践行社会主义荣辱观。社会主义荣辱观是社会主义建设发展的道德维持力。民众的道德状况在很大程度上是衡量一个社会中国家的稳定度、社会和谐度和个人满意度的重要指标。社会主义荣辱观全面而系统地提出了反映社会主义社会的道德要求，在全社会旗帜鲜明地倡导“荣耀”、反对“耻辱”，为全体社会成员提供评价、判断、鉴别、选择、践行社会主义道德观念的尺度和标准，成为引领社会主义社会的道德风尚，为“五个文明工程”的建设提供着源

①《科学社会主义概论》编写组．科学社会主义概论[M]．北京：人民出版社、高等教育出版社，2009：251.

源不断的道德力量，从而实现了国家、民族、个人的文明发展。

结语

建设社会主义核心价值体系与培育和践行社会主义核心价值观是我们党在新时期为应对新情况提出的繁荣社会主义文化，加强社会主义主流意识形态建设，是使全国各族人民凝心聚力于中国特色社会主义现代化国家建设的伟大事业之中的一项重要举措。这两者的巨大价值意义决定了其作用的发挥必须立足于全体人民，着力使全体人民能正确认识和辨别两者之间的区别和联系。正是基于这一目的，本章并没有一味地探究两者之间的理论深度，而是从两者的形式与内容入手，尽可能地突出有利于实现社会主义核心价值体系和社会主义核心价值观的大众化和普及化。并采用对比的方法阐发这两个既紧密联系又相互区别的概念，为广大人民群众清楚地辨别和深入地把握社会主义核心价值体系和社会主义核心价值观提供前提条件。

网络社会中社会主义核心价值观认同篇

第七章　拓展：网络社会中社会主义核心价值观认同的当代范式

网络社会中的社会主义核心价值观认同具有其内在的特质，因此，其过程不能仅仅照搬照抄前人的经验，而应构建自身的范式。

美国科学哲学家托马斯·库恩(Thomas Sammual Kuhn，1922—1996)，于1962年在其著作《科学革命的结构》（英文书名：The Structure of Scientific Revolutions）一书中首次提出作为其科学和科学思想发展的动态结构理论的核心概念"范式"，因其所包含的深刻意蕴[1]为自然科学和人文科学所普遍追逐和不断诠释。而究其本意，在《科学革命的结构》中，库恩指出："我所谓的范式(paradigm)通常是指那些公认的科学成就，它们在一段时间里为实践共同体提供典型的问题和解答。"[2]并且，为进一步明确这一概念的具体指向，库恩为其界定了两大基本特征："其一，它们足以空前地把一批坚定的拥护者吸引过来，使他们不再去进行科学活动中各种形式的竞争"，"其二，它们足以毫无限制地为一批重新组合起来的科学家留下各种有待解决的问题"[3]。由此可见，库恩所提出的"范式"在本意上具有明确的时间规定性，即在库恩看来，作为范式的科学成就是在一定的时间段内具有与之前时间段的根本性区别，是一种革命性的"转换"和"改变"，而不是简单意义上的对前一时段科学成就的"澄清"和"诠释"。而转换、改变和澄清、诠释之间是"不可通约"（Incommensura-

①这里的深刻意蕴并非是指库恩所界定的"范式"概念的意蕴，而是指"范式"一词在语义上的意蕴。

②(美)托马斯•库恩．科学革命的结构[M]．金吾伦，胡新和，译．北京：北京大学出版社，2003：4.

③(美)托马斯•库恩．科学革命的结构[M]．金吾伦，胡新和，译．北京：北京大学出版社，2003：9.

bility）的[1]，正如库恩所言："一些科学家的巨大声誉，不是从他们的发现有任何新颖性中取得的，而是来自他们为重新确定一类先前已知事实而发展出的方法的精确性、可靠性和适用范围"[2]。如果作一个相似性的比较，我们认为库恩的范式理论在一定程度上契合了马克思主义的质变量变规律。

之所以在网络社会中社会主义核心价值观认同这一命题中引入"范式"的概念，首先，因为网络社会相比较传统的现实社会而言，是一种相对意义上新的社会形态；其次，社会主义核心价值观是相对于封建主义核心价值观、资本主义核心价值观而言的，在当代提出建设中国特色社会主义现代化国家的核心价值观，是一种新的价值观念。因而，在网络社会中实现社会主义核心价值观认同显然具有一定"转换"和"改变"意义上的范式需要。据此，网络社会中社会主义核心价值观认同的范式主要包括对社会主义核心价值观在网络社会中认同基本理论新的阐释、社会主义核心价值观在网络社会中认同目标系统新的确定两大部分。

第一节　释义：网络社会中社会主义核心价值观认同的基理

在网络社会中社会主义核心价值观认同这一命题中，认同、价值认同、社会主义核心价值观认同是逐步提升的三大维度。网络社会是实现社会主义核心价值观认同的具体环境，社会主义核心价值观是实现在网络社会中认同的客体或对象，网络社会的参与者是社会主义核心价值观认同的主体，三大方面都围绕实现"认同"而展开。可以说，认同是网络社会、网络社会主体、社会主义核心价值观三者之间

①(美)托马斯•库恩．科学革命的结构[M]．金吾伦，胡新和，译．北京：北京大学出版社，2003：178.

②(美)托马斯•库恩．科学革命的结构[M]．金吾伦，胡新和，译．北京：北京大学出版社，2003：23.

关系的具体要求和体现指标。因此，首先必须在理论上理清[①]认同、价值观认同、网络社会中社会主义核心价值观认同的基本内容。

一、认同的学理阐释

“认同”（identification，名词；identity，动词）一词是一个极其复杂的概念，古今中外都有着具体的释义。因此，全面考察、细致解析和明确界定其基本涵义对于网络社会中社会主义核心价值观认同这一命题具有重要的理论意义。

1. 认同的词源解析

在我国古代，并没有“认同”一词，只有分开的两个字“认”和“同”。在商务印书馆出版的《古代汉语词典》中，“认”字包括：“识认、辨识，如《后汉书·承宫转》：人有认之者，宫不与计，推之而去，由是显名”；“认为、当中，如刘克庄《答妇兄林公遇》诗：梦回残月在，错认是天明”；“承认，杨衒之《洛阳伽蓝记·龙华寺》：及综生，认为己子”[②]等三层释义。“同”字有：“聚集、会和；共同；统一、齐一；共同参与；古代诸侯共同朝见天子；同盟之国；随和、符合；和谐、和睦、太平；偕同；赞同、同意；古代土地面积单位，方百里为一同；古代乐律的阴律；一齐、一起”[③]等十四层释义。可以说，在字的阶段，“认”和“同”的具体涵义主要看其在何处使用而有所不同，甚至差异较大。但总体而言，两者已经具备了现代意义上的“认同”一词的意蕴，强调通过主观的“认”，达到整体的“一”之意。如在现代汉语词典中的解释：“认为和自己有共同之处而感到亲切感，如民族认同感；承认、认可”[④]。

而在西方的语言体系中，商务印书馆和牛津大学出版社联合出版

---

①当前对于“理清”和“厘清”两词的使用较为混乱，这里之所以用“理清”而不用“厘清”，主要是为了突出整理清楚网络社会中社会主义核心价值观认同的理论思路。虽然“理清”和“厘清”都有整理之意，但理清更突出使思路清楚明白，如理财；厘清更强调对关系的梳理，如厘定。参见：中国社会科学院语言研究所词典编辑室．现代汉语词典[M]．6版．北京：商务印书馆，2012：791、795.

②古代汉语词典编写组编．古代汉语词典[M]．北京：商务印书馆，2002：1315.

③古代汉语词典编写组编．古代汉语词典[M]．北京：商务印书馆，2002：1561-1562.

④中国社会科学院语言研究所词典编辑室．现代汉语词典[M]．6版．北京：商务印书馆，2012：1096.

的《牛津高阶英汉双解词典（第7版）》（英文书名：Oxford Advanced Learner’s English—Chinese Dictionary）与商务印书馆和朗文出版社联合出版的《朗文当代高级英语词典（英英、英汉双解版）》（英文书名：Longman Dictionary of Contemporary English）都将“认同”一词的来源界定为拉丁文单词“Idem”,而“Idem”意指“出自同一书、文章、作者等的同前，同上；相同”。即在英文原意中，认同的核心寓意为“同”，并由此派生出了“Identification”（名词）和“Identity”（动词），其中“名词”分为三层具体含义：其一，认出、识别、确认、验明、鉴定；其二，身份证件；其三，与with组成名词词组表示对故事角色的认同。而“动词”分为两层含义：其一，证明、认出、识别、确认、鉴定；其二，发现、承认、确定。而与with联用时表示在思想感情上的认同。由此可见，在英文词源的发展中，“认同”的主要寓意既强调“趋向同一”的行为和方式，又强调“形成同一”的目标和状态。也就是说，认同既表示从“认”到“同”的过程，又表示达到“同”的结果。

2. 认同的学理解析

进入近代以后，随着学科专业化的发展，“认同”开始被引到了心理学、社会学、社会心理学、文化人类学、哲学等众多学科的理论体系中，并逐渐形成了各自特定的学科语境，这也成了认同涵义的主要表现形式和我们深入理解认同涵义的理论脉络。以下主要从心理学和社会学两大学科中关于认同理论的基础学科来分析。

在心理学的发展中，众多的心理学家都或多或少地涉及对认同的论述，其中具有代表性的有奥地利著名心理学家、精神分析学派创始人西格蒙德·弗洛伊德（Sigmund Freud，1856—1939）的“精神分析理论”和美国著名的发展心理学家和精神分析学家爱利克·埃里克森（Erik H Erikson ，1902—1994）的“人格的社会心理发展理论”。就认同理论而言，可以说前者开启了心理学关于“认同”理论研究的先河。如在林崇德、杨治良、黄希庭主编的《心理学大辞典》中就将“认同”直接界定为“弗洛伊德术语”。在弗洛伊德看来，认同“是一个人潜意识地向某一对象的价值、规范与面貌去模仿、内化并形成自己的行为模式的过程。”[①]弗洛伊德的认同理论主要强调认同是人的心理防御机制，它的产生是人的潜意识行为，是为了在心理上产生一种归属感，属于“本我”即本能的范畴。后者则使“认同”理论广为人知，尤其在其著作《同一性：青少年与危机》（英文书名：Identity：Youth and Crisis）一书中将认同理论推广到社会科学研究领域。在其“人格的社会心理发展理论”中，埃里克森突出强调了认同的“同一性”观点，并将同一性与危机相对应，认为“同一性是个体对自己本质、信仰及其经验连续性的相对稳定的整体意识”[②]。而要达到同一性，就必须要解决这些危机，才能形成和发展健康的自我人格。

总体而言，早期的心理学家们的认同理论主要侧重于探究个体认同，如弗洛伊德的“本我认同”、埃里克森的“自我认同”等等，但随着研究的不断深入，社会认同开始逐渐浮现。如埃里克森在其自我认同理论的后期开始涉及社会文化因素对认同的作用，使认同开始向社会心理、社会领域拓展，虽然他仍然强调个体认同是社会认同的基础。

在社会学领域中，认同理论的发展与角色理论的发展（“角色理论的发展”见第二章第二节重塑：网络主体角色的社会化）密切相关。从发展的脉络上看，随着个体角色向社会角色的发展，认同理论也开始从个体认同向社会认同发展，集体、群体、社会开始成为认同主体范畴上的前缀。在西方社会学三大奠基人之一、法国社会学家爱米尔·涂尔干（法语：Émile Durkheim，又译埃米尔·杜尔凯姆、埃米尔·杜尔凯姆等，1858—1917）看来，维系这一认同的是“同一社会普通成员共同拥有的信仰和感情的总和”[③]，即所谓的“集体意识”[④]，把社会认同的形成看作个体社会化的过程。正如王思斌教授所言：“角色认同是社会化的过程，是社会通过一定的机构将角色规

①沙莲香．社会心理学[M]．2版．北京：中国人民大学出版社，2006：101.

②林崇德，杨治良，黄希庭．心理学大辞典（上卷）[M]．上海：上海教育出版社，2003：5.

③黎明，张小山．西方社会学理论[M]．武汉：华中科技大学出版社，2005：57.

④关于“集体意识”，涂尔干认为这一概念过于空泛，因此在其后期著作中改为“集体表象”（collective representation），意指特定集体的行为规范和价值观。

范加于角色承担者和他去理解、选择的过程”①，郑杭生教授在界定“社会化”概念时也强调：“所谓社会化，是指个体在与社会的互动过程中，逐渐养成独特的个性和人格，从生物人转变为社会人，并通过社会文化的内化和角色知识的学习，逐渐适应社会生活的过程”②。综上可见，社会学领域中的认同理论与心理学领域中的认同理论是密切相关甚至可以说是一脉相承的，正是伴随着心理学关于个体认同理论的发展，社会学逐渐形成了社会认同的概念，并在范畴上不断丰富和拓展，差异认同、文化认同、民族认同、价值认同等都逐渐进入认同的视野，社会认识、社会态度、社会情感、社会意识等相关概念也由此衍生。认同成为一个集“个体”“社会”“认”“异”“同”等概念为一体的动态变化过程。

这里需要特别强调的是，将个体认同归为心理学领域，将社会认同归为社会学领域，并非否认心理学对于社会认同的研究，也不是说社会学没有对个体认同的研究。如前文所述，心理学家埃里克森的研究中就有对社会文化的关注；而英国著名社会理论家和社会学家安东尼·吉登斯将认同分为自我认同和社会认同两大层次③。我国学者在认同理论上也强调两者的结合，如沙莲香教授认为：“认同是维系人格和社会及文化之间互动的内在力量”④。

二、网络社会中社会主义核心价值观认同的当代寓意

心理学家和社会学家对于认同理论的开拓为价值观认同奠定了基础，并蕴含了价值观认同的内容，这为当代中国在网络社会中实现社会主义核心价值观认同，建设社会主义主流意识形态提供了理论参考和方法借鉴。

1. 价值观认同的基本涵义

价值观认同是植根于西方的“认同”理论并从中分化出来，逐渐形成的相对独立的内容和目标。对此，我国学界给予了高度的关注，

①王思斌．社会学教程[M]．北京：北京大学出版社，2003：87.

②郑杭生．社会学概论[M]．北京：人民出版社、高等教育出版社，2011：104.

③安东尼•吉登斯．社会学[M]．赵旭东，齐心，王兵，等，译．北京：北京大学出版社，2003：38-39.

④沙莲香．社会心理学[M]．2版．北京：中国人民大学出版社，2006：102.

尤其是近20年来，全球化问题开始之后。在中国知网，以“价值观认同”为检索词，可以发现学术论文、硕博士论文等各种研究成果和理论观点如雨后春笋（见表7－1）。

表7－1 2000年1月—2015年12月“价值观认同”研究成果数量

序号	检索词	检索范围	成果数量(单位:篇)
1	价值观认同	篇名	455
2	价值观认同	关键词	4 985
3	价值观认同	主题	6 120
4	价值观认同	全文	61 661

综合考量，当前我国学界关于“价值观认同”的观点和看法主要集中在以下方面：其一，强调价值观认同是社会主体对价值观的共有和共享，表现为社会共同价值观的形成；其二，突出价值观认同是社会主体对社会价值观的接受和遵循，表现为个体价值观对社会价值观的服从；其三，认为价值观认同是社会主体对价值观的调整和定位，表现为个体价值观对社会价值观的适应；其四，主张价值观认同是全体人类对价值观的普遍追求和对主导价值观的追求，表现为对普世价值观和主导价值观的调和。以上研究无疑丰富了我国价值观哲学的理论宝库，开拓了研究的视角和视域，也为价值观认同问题的有效解决提供了可资借鉴的依据。但带来的问题也显而易见：第一，总体而论，研究成果的纷繁和观点取向的差异必然带来“公婆各有理”的混乱，虽然无论在学术研究还是观念探讨上，我们并非反对思想多元，但仅就我国当前建设社会主义核心价值观，构建社会主义共同的价值观念以凝心聚力于中国特色社会主义现代化建设的伟大事业而言，显然存在不利影响。第二，具体而言，以上研究主要聚焦于对社会价值观认同的宏观描述，而价值观认同无论在价值观上还是在认同上都是具体的、现实的，宏观描述无助于解决价值观认同中的具体问题。众所周知，价值本质上表现为主客体间的关系，价值观是对价值的看法和态度，那么价值观认同中认同的是主体、客体还是关系？价值包含着个人价值和社会价值，价值认同是要形成个体价值、社会价值抑或

是两者兼顾？认同是一个过程已经形成共识，但在这个过程中如何确保实现既定目标呢？如果不理清这一问题，显然在网络社会中实现社会主义核心价值观认同就无从谈起。对于价值观认同的界定应立足于对认同理论和价值观理论的把握之上，坚持用马克思主义的科学理论具体问题具体分析，而简单地将其当作对价值观（无论是强调个体的价值观还是突出社会的价值观）的趋同都不足以涵盖价值观认同的丰富内涵和要求。

据此，我们认为，价值观认同是一个为实现特定的价值观念而展开的系统工程。它是一定社会主体对一定价值观的认同，包含着过程和结果、广度和深度、思想和行为等的综合体系，必须将其放在具体的语境和领域中统筹考量。

2. 网络社会中社会主义核心价值观认同的当代阐释

在网络社会中社会主义核心价值观认同这一命题中，无论是认同的环境——网络社会、认同的内容——社会主义核心价值观，还是两者相结合所进行的认同都是在各自领域中的当代存在和发展。它们对于我国正在进行的包括中国特色社会主义经济建设、政治建设、文化建设、社会建设、生态文明建设都具有重要的思想凝聚作用。即网络社会中社会主义核心价值观认同这一命题是在特定的环境中进行的，对特定客体或内容具有特定目标取向的认同，具有鲜明的时代性。

首先，社会主义核心价值观的认同是在网络社会这一特定的现实环境中进行的。如前所析，网络社会相对依存于现实社会，这表明网络社会与现实社会是相互作用的。一方面，网络社会以现实社会为基础，受到现实社会的影响和制约；另一方面，网络社会又反作用于现实社会，对现实社会具有巨大的推动力或制约力。随着网络社会的发展，网络经济以其总体规模的不断扩大、涉及行业的日益广泛、参与人数的高速增长、发展速度的日新月异对我国的经济建设产生着巨大的推动力，成为我国经济建设中不可或缺的重要组成部分和经济发展新的增长点。据中国互联网络信息中心统计数据显示，仅在网络购物市场方面，2013年的交易总金额就高达1.85万亿元，较2012年增长40.9%；而在网络购物用户数量上，2013年高达3.02亿，较2012年增长24.7%。不仅如此，这一规模还表现出了高速增长的潜力和势头（见表7－2、7－3）。

表7－2　2006—2013年中国网购交易金额及增长率[①]

序号	年份	交易金额（亿元）	较上一年增长率
1	2006	258	
2	2007	542	110.1%
3	2008	1 208	122.9%
4	2009	2 500	107.0%
5	2010	5 231	109.2%
6	2011	7 566	44.6%
7	2012	13 110	73.3%
8	2013	18 477	40.9%

表7－3　2006—2013年中国网购用户数量及增长率[②]

序号	年份	网购用户数量（万）	较上一年增长率
1	2006	3 357	
2	2007	4 641	38.25%
3	2008	7 400	59.45%
4	2009	10 800	45.95%
5	2010	16 051	48.62%
6	2011	19 395	20.83%
7	2012	24 202	24.78%
8	2013	30 189	24.74%

此外，网络社会的发展使网络社会主体对网络民主政治、网络文化、网络社会、网络生态文化等方面的参与度和影响力不断提升，并将积极作用于现实社会。因此，对网络社会的积极关注和高度重视成为必然要求，这也显示了当代中国在网络社会中实现社会主义核心价值观认同的重要性和时代意义。

①根据中国互联网络信息中心2014年4月发布的《2013年中国网络购物市场研究报告》整理。

②根据中国互联网络信息中心2014年4月发布的《2013年中国网络购物市场研究报告》整理。

其次，在网络社会中认同的对象、内容和客体是社会主义核心价值观。如前所述，社会主义核心价值观是我国当代建设社会主义主流意识形态的本质要求，契合我国正处于社会主义初级阶段的基本国情，符合当代广大中国人民核心价值需要，体现当代广大中国人民的根本利益，满足当代中国广大人民日益增长的物质文化需求，响应中国特色社会主义现代化建设的时代呼唤。其在马克思主义指导思想、中国特色社会主义共同理想、以爱国主义为核心的民族精神和以改革创新为核心的时代精神、社会主义荣辱观方面都具有鲜明的时代特征。

正是以上两方面的相互结合，彰显了在网络社会中实现社会主义核心价值观认同，对于当代中国而言是时代发展的要求。

在此意义上，网络社会中社会主义核心价值观认同，即是指在建设中国特色社会主义现代化国家的历史背景下，立足于价值和认同的理论依据，实现网络社会成员整体上对社会主义核心价值观在过程认同和结果认同的统一、广度认同和深度认同的统一、思想认同和行为认同的统一。

第二节　明定：网络社会中社会主义核心价值观认同的目标

网络社会中社会主义核心价值观认同当代寓意的界定，为其认同目标的明确提供了系统的依据，而社会主义核心价值观本身所蕴含的价值本质又决定了社会核心价值观认同目标的具体指向。

从马克思主义价值论角度分析，社会主义核心价值观认同在具体指向上，显然是指作为价值观认同主体的我国社会主义社会中全体人民与作为价值观认同客体的社会主义核心价值观之间，在满足与被满足的过程中达到理想范围、状态和程度的过程。一方面，它既是我国全体人民对社会主义核心价值观的能动反应，也是社会主义核心价值观以其本身属性对全体人民需要的满足，两者统一于人的价值实践活动中。而有别于动物本能表现出的“机能”，人的活动具备独有的目的性，正如马克思曾指出的："吃、喝、性行为等等，固然也是真正人的机能。但是，如果使这些机能脱离了人的其他活动，并使它们成为最后的和唯一的终极目的，那么，在这种抽象中，它们就是动物的机能。"[①]因此，对社会主义核心价值观的认同显然具有特定的目的性，即社会主义核心价值观认同的目标。另一方面，在此过程中，因为我国社会主义社会全体人民是认同的主体，社会主义核心价值观是认同的客体，两者间的满足关系是认同的内容，三者密切联系、相互作用，共同构成对社会主义核心价值观的认同系统。

如此，当社会主义核心价值观认同在网络社会这一特定领域中实现时，网络社会中社会主义核心价值观认同的目标，即是由网络社会中社会主义核心价值观认同的主体性目标、客体性目标和内容性目标三个相互关联、整体有序、有机统一的子目标共同构成的目标体系。这一目标体系的实现过程既是网络社会中社会主义核心价值观建设的重要环节和强化社会主义意识形态主导地位的有效举措，也是凝炼和培育社会主义核心价值观的基石，更是构建社会主义和谐网络社会在主导价值层面的战略要求。基于以上分析，网络社会中社会主义核心价值观认同目标体系的合理构建具体应涵盖和体现认同的主体范围、认同的客体状态、认同的内容程度三大组成部分，以充分彰显其"核心价值观"的整体作用，彰显"社会主义"的性质，实现引领社会思潮、体现共同意志、形成社会共识、凝聚社会合力的目标。

一、立足于从点到面渐进的网络社会中社会主义核心价值观认同主体的范围性目标

社会主义核心价值观的"社会主义"性质决定了对其认同的主体必然是社会主义社会全体人民。即从价值观认同的主体性范围角度看，社会主义核心价值观认同是为了实现我国社会主义社会中的全体人民对社会主义核心价值观的认同。因此，社会主义社会全体人民是社会主义核心价值观认同在主体范围上的最高目标。对此，在网络社会中，社会主义核心价值观认同在主体范围上的目标即是我国全体网

①马克思恩格斯全集：第42卷[M]. 北京：人民出版社，1979：94.

民。这一全体性要求决定了在网络社会中实现社会主义核心价值观认同的主体性目标有一个由点到面、由少数认同到多数认同，最终实现全体网民认同的渐进过程，不可能一蹴而就。

社会学研究认为："从社会方面来看，群体是社会生产过程中的必然产物，群体生活是社会生活的本质"①，因此，社会群体是社会主体构成的基本表现形式。由于社会成员共同的利益诉求，社会群体在价值观上总是表现出强大的凝聚力，并影响着其他社会群体的价值取向。对此，由于我国庞大的人口数量、多民族的相融共存、社会变革的日益深入等国情，造成我国的社会群体复杂且多变，不同社会群体价值观需求也更加"众口难调"：人口众多意味着社会群体的多样，他们的价值观取向必然多元；不同民族的风俗习惯相异，价值观标准有别；加剧的社会变革催生了社会群体的分化、重组和再造，价值观诉求也在不断调整变化。当这些差异的群体参与网络社会时，其价值诉求也必然有别。如网络社会中各种网络社区、网络论坛、网络组织就日益增多。这些群体在价值观念取向上的差异必然制约着社会主义核心价值观认同主体在全体性目标上的顺利实现。正因如此，如何明确区分、正确选择当前我国网络社会中关键的、主要的网络群体作为社会主义核心价值观认同的关键点和主要面，做到以点带面、以部分促整体就成为实现社会主义核心价值观认同的重要目标。这也是对马克思主义主要矛盾和矛盾的主要方面理论在网络社会中社会主义核心价值观认同的现实彰显。

1. 网络社会中社会主义核心价值观认同主体的关键点目标

网络社会中社会主义核心价值观认同主体的关键点目标是指我国全体网民构成中，具备示范和引领作用的、能带动和促进其他网民社会主义核心价值观认同的特定网络群体。与此目标相适应，在我国当前的各网络群体中主要包括起到典型示范作用的公务员群体和具备广泛引领辐射作用的教师群体。

首先，具有典型示范作用的公务员群体。我国的公务员是指依据法律履行公职、纳入国家行政编制、由国家财政负担工资福利的工作

①《社会学概论》编写组．社会学概论[M]．北京：人民出版社、高等教育出版社，2011：111.

人员。第一，认同社会主义核心价值观并以此作为工作和生活的价值取向是公务员群体的必然要求。我国在2006年1月1日开始实施的《中华人民共和国公务员法》明确规定：公务员的任用坚持“德才兼备”的原则，公务员的考核为“德、能、勤、绩、廉”五大方面。这些内容都与科学的价值观念休戚相关。能否认同社会主义核心价值观是公务员合格与否的重要标准。第二，公务员日常工作与网络社会密切相关。当前，随着电子政务、无纸化办公等办公方式的推广和普及，尤其是我国自2008年5月1日起施行的《中华人民共和国政府信息公开条例》中规定了各级人民政府及其相关部门等行政机关四条二十七款政府的信息公开内容。网络办公成为公务员日常工作的常态。第三，公务员群体特殊的社会角色决定了他们在带动其他社会成员认同社会主义核心价值观上具有典型的示范作用。公务员群体是国家权力的具体实施者。无论在网内还是在网外，他们既是国家形象的“代言人”，也是我国社会主义核心价值观的“表现窗口”。

根据国家公务员网和国家人力资源社会保障部网站公布的统计数据显示：我国公务员人数2012年为708.9万。虽然在绝对人数上，公务员群体在我国社会群体中并不占据多数。但经过网络的传播和放大，公务员群体的一言一行易成为社会大众关注的焦点，在社会大众中具有典型的示范影响力。因此，把加强公务员群体在情感和行为上认同社会主义核心价值观作为社会主义核心价值观认同的关键点目标，有利于在网络社会乃至现实社会中树立起认同社会主义核心价值观的榜样，进而有力带动包括全体网民在内的全体人民对社会主义核心价值观的认同。

其次，具有广泛引领辐射影响的教师群体。1994年1月1日实施的《中华人民共和国教师法》明确将教师界定为：履行教育教学职责、具备相应资格的专业人员。早在唐朝时期，韩愈就提出“传道”“授业”“解惑”是师者的三大任务。党和国家赋予了教师“教书育人，培养社会主义事业建设者和接班人”的历史使命。可见，教师群体既是社会主义核心价值观认同主体的应然组成，更是社会主义核心价值观的必然传播者和培育者。第一，作为社会主义核心价值观认同主体的应然组成，教师群体自觉认同社会主义核心价值观，必将潜移默化地作用于广大受教育群体的价值观取向、影响着广大受教育群体的价值观选择。第二，作为社会主义核心价值观的必然传播者，教师群体在教育教学过程中，积极推动社会主义核心价值观进教材、进课堂，为广大受教育群体“授”社会主义核心价值观的“业”、“解”社会主义核心价值观的“惑”，进而自觉肩负起“传”社会主义核心价值观的“道”的应尽之责，实现社会主义核心价值观进头脑、见行为的目标，旗帜鲜明地以社会主义核心价值观来塑造“社会主义事业建设者和接班人”的价值理念。同时，作为教师群体作用对象的学生群体一直是我国网络的最大群体（见表7－4），以及多媒体教学和网络教学的日益普及，教师群体认同并身体力行社会主义核心价值观在“以点带面、以面带片”的广泛辐射上具有关键作用。

表7－4　2009—2013年学生群体占中国网民总数比例及排名①

序号	时间	学生所占比例	学生所占比例排名
1	2009	30.7%	1
2	2010	30.6%	1
3	2011	30.2%	1
4	2012	25.1%	1
5	2013	25.5%	1

2. 网络社会中社会主义核心价值观认同主体的主要面目标

网络社会中社会主义核心价值观认同主体的主要面目标，是指在我国全体网民的构成群体中，在增长潜力上和总体规模上居于优势，并起到主导网络社会价值观方向的网络群体，推动他们积极认同社会主义核心价值观。这一目标的实现与否体现了网络社会中社会主义核心价值观认同的主流状态，反映着网络社会中社会主义核心价值观认同的工作实效，决定着网络社会中社会主义核心价值观建设的最终成效。当前我国网络社会各群体中符合这一目标要求的主要是农民群体

①根据中国互联网络信息中心发布的《2009—2013年中国互联网络发展状况统计报告》整理。

和学生群体。

首先，具有增长潜力优势的农民群体。这里的农民是特指以户籍为区分标准，拥有农业户口的社会成员，既包括生活在农村区域的农业劳动者群体，也包括流动在城市的农民工群体。将这一群体作为网络社会中社会主义核心价值观认同主体的主要面目标之一是因为：第一，现实社会中农民群体的巨大数量优势带来了网络社会中巨大的增长潜力。据国家统计局公布的2010年我国第六次人口普查数据显示：大陆31个省、自治区、直辖市中“各地区分性别的农业户口、非农业户口人口”共有13.19亿人，其中农业户口人数达9.35亿人，占总人数的70.86%。数量上的巨大优势一方面造就了农民群体是我国社会发展中举足轻重的力量。对此，我国历史无数次验证了农民群体在维持社会稳定、推动国家发展、实现民族振兴过程中的“中流砥柱”的作用。我国现行宪法在总纲中也明确规定：农民群体是人民民主专政国家基础的联盟之一。农民群体的重要地位清楚地表明了实现农民群体认同社会主义核心价值观是实现社会主义核心价值观认同主体目标的主要方面。而作为现实社会的延伸，农民群体的这一优势必然作用于网络社会中社会主义核心价值观认同方面。另一方面，数量上的巨大优势也带来了网络社会中农民群体的增长潜力优势。据中国互联网络信息中心统计数据显示，农民群体参与网络的规模正高速扩展，自2012年起，开始超越城镇网民的增长速度（见表7－5），表现出巨大潜力。第二，庞大的人口数量和迅速的增长速度也带来了网络社会中农民群体认同社会主义核心价值观的巨大挑战。由于数量众多，相对于其他社会群体而言，受制于普遍较低的受教育水平、相对较差的生活环境等客观因素，再加上大量农民涌入城市务工造成不稳定，网络社会中农民群体无论在认同社会主义核心价值观的能力上还是在可能上都有较大难度。因而实现农民群体认同社会主义核心价值观成了网络社会中社会主义核心价值观认同主体目标上的最主要面目标之一。

表7－5　2009—2013年中国新增网民的城乡结构[①]

序号	日期(年/月)	类型	数值
1	2009.12	城镇增长率	55.5%
		乡村增长率	44.5%
2	2010.06	城镇增长率	57.4%
		乡村增长率	42.6%
3	2010.12	城镇增长率	56.7%
		乡村增长率	43.3%
4	2011.06	城镇增长率	57.7%
		乡村增长率	42.3%
5	2011.12	城镇增长率	53.6%
		乡村增长率	46.4%
6	2012.06	城镇增长率	48.2%
		乡村增长率	51.8%
7	2012.12	城镇增长率	44.2%
		乡村增长率	55.8%
8	2013.06	城镇增长率	45.6%
		乡村增长率	54.4%

其次，总体规模上居于优势的学生群体。这里的学生是指尚处于学校学习时期的广大受教育者，涵盖就读于我国学前教育、初等教育、中等教育、高等教育以及其他特殊教育阶段的所有学生。将这一群体作为网络社会中社会主义核心价值观认同主体的主要面目标之一是因为：第一，学生群体是中国特色社会主义现代化建设的未来主力军，是国家未来发展的决定力量。当前，世界各国的发展经验都表明人才的数量和质量是衡量一国综合国力的核心指标，是决定国家发展潜力的关键因素之一。为此，早在改革开放伊始，邓小平就提出：科学和教育是我国赶上世界先进水平、实现国家现代化的希望。到20世纪末期，我国又正式将“科教兴国”定为国家发展的基本战略和根

①根据中国互联网络信息中心2013年7月发布的《2013年7月第32次中国互联网络发展状况统计报告》整理。

本方针。这些措施的目的就是为了紧紧抓住作为我国社会主义事业未来的建设者和接班人的学生群体，切实提高他们德、智、体等方面的综合素质，以充分发挥科学技术是第一生产力的推动作用。其最终的落脚点是学生群体综合素质的增强，而正确的价值观导向是决定学生群体综合素质性质和方向的关键。据教育部官方网站统计，2012年，我国各级各类在校学生数高达2.32亿，占人口总数的17.59%。第二，如前所述，在网络社会中，学生群体是我国网民的庞大群体，而学生在家庭中具有重要影响力，因而学生群体对于父母以及其他家庭成员的价值观取向具有举足轻重的影响力。正是学生群体的决定作用和数量优势显示了他们是网络社会、现实社会中社会主义核心价值观认同的主力军之一，是影响网络社会中社会主义核心价值观认同的主要面目标之一。

二、着眼于现实与发展相结合的网络社会中社会主义核心价值观认同客体的状态性目标

社会主义核心价值观的“核心”地位，决定了我国网络社会中网民价值认同的客体即是社会主义核心价值观本身。

而从价值观认同的对象角度看，实现我国全体网民从根本上认同社会主义核心价值观，在很大程度上取决于社会主义核心价值观的内在属性在其表现状态上能否满足网民的现实需要与发展需求，即充分彰显社会主义核心价值观的现实性与发展性是社会主义核心价值观认同客体的状态性目标。

社会主义核心价值观是一个涵盖建设什么样的国家，建设什么样的社会，培育什么样的公民三大层面，互为前提、相辅相成、协调一致的完整体系，无论在单个层面，还是在整体上都蕴含着现实性与发展性的完美结合。

但仅仅是这些显然并不足以吸引网民的认同。社会主义核心价值观要能够真正吸引全体网民，确保他们对社会主义核心价值观的持久认同，不仅要求社会主义核心价值观内在具备现实性和发展性，更重要的是社会主义核心价值观在其内在属性的外在表现状态上，必须扎

根于当前并着力展示出现实针对性和着眼于未来而凸显出持续发展性。

1. 网络社会中社会主义核心价值观认同客体的现实性目标

社会主义核心价值观认同客体的现实性目标是指作为认同客体的社会主义核心价值观应具备的现实针对性，并且达到充分发挥其现实针对性以满足我国全体网民当前价值观需要的状态。社会主义核心价值观是在我国当前改革开放不断深入的社会主义初级阶段提出的社会主义主流意识形态，是为了坚定人们的中国特色社会主义道路自信，以积极应对西方敌对势力的西化、分化和颠覆企图，形成全社会共同追求的远大理想；为了坚定人们的中国特色社会主义理论体系自信，以积极应对全球化带来的各种错误思潮的冲击，凝练全社会共同信仰的思想支撑；为了坚定人们的中国特色社会主义制度自信，以积极应对市场经济带来各种腐朽观念的侵蚀，构建全社会共同遵循的规范体系。最终实现建设国家繁荣昌盛、民族独立自强、个人全面发展的中国特色社会主义。

因此，社会主义核心价值观天然具有贴近我国的基本国情、贴近民族的血脉传承、贴近人们的日常生活的特点，其本身的现实性毋庸置疑。对此，作为现实社会的延伸，社会主义核心价值观的这一现实性也必然存在于网络社会中，但社会主义核心价值观要真正成为全体网民共同的精神支撑和行为准则，还有一个在网络社会中充分发挥其现实性以展示其吸引力的要求。

这是因为在相对虚拟的网络社会中，价值观以信息的形式高速流转，各种社会思潮的泛滥，价值观选择趋于多元，再加上西方对我国实施的和平演变从未停止，各种价值观诱惑必然冲击着社会主义核心价值观的核心地位。这些都要求社会主义核心价值观要成为网络社会中我国全体网民的共同认同，就必须狠抓社会主义核心价值观现实针对性的呈现工作。

2. 网络社会中社会主义核心价值观认同客体的发展性目标

社会主义核心价值观认同客体的发展性目标是指作为认同客体的社会主义核心价值观应具备的持续发展性，坚持弘扬其发展性以满足网络社会中我国全体网民未来价值观需要的状态。

社会主义核心价值观本身蕴含着与时俱进的理论品质。例如，从总体内容看，作为社会主义核心价值观在社会层面的价值取向上，改革开放以来，我们党和国家一直致力于小康社会的建设，这一价值取向就经历了从“建立”到“全面建设”再到“全面建成”；从“总体的小康社会”到“惠及十几亿人口的更高水平的小康社会”，再到“小康社会的新要求”这一贯穿我们党和国家建设中国特色社会主义社会始终的发展历程。从具体内容看，在“法治”这一微观的社会主义核心价值观建设目标上，也经历了从邓小平的“加强法制”到党的十五大首次明确提出“依法治国”的治国方略，再到十五大以后，党的历次代表大会中，对依法治国的不断完善。为我国建设法治国家和法治社会，依法保障全体公民享有广泛的权利提供了连续的具体指引，集中体现了我们党立党为公、执政为民的执政理念。

与此相应，社会主义核心价值观要切实成为全体网民共同的精神信仰和行为趋向，还要有一个在网络社会中充分弘扬社会主义核心价值观的发展性以彰显其吸引力的要求。这是因为，人类社会“是一个不断发展变化的矛盾过程。在不同社会发展阶段和社会生活的各个领域都会不同程度地产生和存在各种社会矛盾”[①]。社会的发展正是协调、解决在发展中不断产生的新问题、新矛盾，最终实现人的自由而全面发展的过程。胡锦涛同志在深入分析我国现阶段社会发展的基本矛盾时提出的“第一要义是发展，核心是以人为本”科学发展观就是对社会发展理论的进一步深化和丰富，科学诠释了社会主义社会发展的本质规律和最终目标。网络社会中的社会主义核心价值观作为我国社会主义社会主流意识形态的主体内容和本质反映，也必然需要遵循这一规律和体现这一目标要求，不断充实和丰富社会主义核心价值观的精神实质，以保持其永续发展。同时广大人民参与到网络社会中也必然面临着这样或那样的发展矛盾，只有充分彰显并使全体网民切实感受到社会主义核心价值观的发展性，确保社会主义核心价值观持续契合他们根本利益的诉求，不断解决发展中存在的问题，认同才可能

①《社会学概论》编写组．社会学概论[M]．北京：人民出版社、高等教育出版社，2011：279.

真正实现。

三、聚焦于情感和行为相统一的网络社会中社会主义核心价值观认同内容的程度性目标

如前所述，“认同”是众多学科的基本概念。心理学强调：从群体认同经过社会认同再到自我认同，即认同是一个由从所属的社会群体中获得信仰、以信仰获得社会认同、最终驱动自我认同的过程；而社会学强调：认同是社会成员具有的平均信仰和感情的总和，是一种“集体意识”。可见，心理学和社会学都强调形成“信仰”是实现认同的重要指标。由此，基于认同理论的视角来看，网络社会中社会主义核心价值观认同在内容性程度的最高目标应是实现全体网民形成对社会主义核心价值观的“信仰”，正如李德顺教授在其著作《价值论——一种主体性研究》中所说的：“人们关于价值的最高信念”①。

而人们一旦形成对某种价值观的信仰，必然将其奉为自己的行为指南，并在社会活动中自觉维护其权威，从而表现出强大的情感维持力和行为驱动力，如宗教信仰的作用。这要求全体网民对社会主义核心价值观的认同必须是对社会主义核心价值观三大方面内容整体认同基础上的高层次认同，是作为客体的社会主义核心价值观以其本质属性与作为主体的我国网络社会中全体网民的根本需要的高度契合。因此，与信仰相对应，网络社会中社会主义核心价值观认同内容的程度性目标在具体表现上应是情感上的内化和行为上的外显两者的高度统一。

1. 网络社会中社会主义核心价值观认同内容的情感性目标

情感是人们基于对客观事物的理性认识而产生的蕴于内且相对稳定的态度体验，它以积极或消极的作用形式影响着人们的行为选择，反映着客观事物与人的需要之间关系的性质和衡量客观事物与人的需要之间关系的程度。一方面，因客观事物对人的需要的满足方向不同，人们对客观事物的情感总是表现为肯定性质的态度或否定性质的态度。当客观事物对人的需要为正面满足时，情感表现为肯定性质的

①李德顺. 价值论——一种主体性研究[M]. 3版. 北京：中国人民大学出版社，2013：140.

积极态度，如喜欢、热爱等愉悦的情感；当满足为负面或不满足时，情感则为否定性质的消极态度，如讨厌、憎恨等抑郁的情感。人们总是趋向于得到肯定而享受愉悦的情感，而愉悦的情感又反过来强力推动着人们选择能满足自身需要的客观事物，反之则表现为逃避或拒绝。另一方面，因客观事物对人的需要满足程度的差异，人对客观事物的情感又总是表现为暂时的情绪或稳定的信念：当客观事物对人的需要暂时满足时，情感就表现为短暂的情绪；而当客观事物对人的需要持续满足时，情感则表现为稳定的信念。显然稳定的信念在维系人们选择能持续满足自身需要的客观事物上更具能动性，而短暂的情绪无助于保持选择的连续性。只有当情感是肯定性质的情绪，稳定程度的信念才能形成坚定的信仰，进而成为持续促进发展的强大精神支撑和行为驱动。因此，情感也就成了衡量价值观认同程度的内化性指标。

这里，情感目标是指我国全体网民通过网络参与活动，在认识社会主义核心价值观过程中所共同形成的对社会主义核心价值观肯定的态度、稳定的信念和坚定的信仰。这决定了需要实现的是一种网络社会整体的情感目标，而非网民个人的个体情感。要实现这一目标，其一，应确保认同内容情感目标的根本性质，做到“知其然”，这是实现全体网民对社会主义核心价值观情感目标的理论基础。对此，需要全体网民全面理解和深入把握社会主义核心价值观的内涵、结构、特征、本质等方面内容，自觉做到将网络社会中呈现的社会主义核心价值观与社会主义社会建设的客观规律结合起来；需要全体网民深刻领会社会主义核心价值观建设的重大意义和紧迫性，自觉做到将网络社会中呈现的社会主义核心价值观和社会主义社会建设的伟大目标结合起来。其二，应明确认同内容情感目标的表现程度，做到“知其所以然”，这是实现全体网民对社会主义核心价值观情感目标的具体要求。对此，需要科学构建网络社会中社会主义核心价值观认同内容情感目标的标准，即应形成全体网民对社会主义核心价值观肯定的、稳定的、坚定的情感状态，将认同社会主义核心价值观与建设社会主义社会主流意识形态和培育社会主义核心价值观结合起来。只有如此，才能在网络社会中形成对社会主义核心价值观认同整体的坚定信仰，才能汇聚我国全体网民的价值观共识和行为动力，也才能充分发挥社会主义核心价值观在网络社会中的价值引领作用，使其成为团结全体网民以自觉抵御否定的、暂时的和不良的价值观诱惑，形成整个网络社会鼓足干劲、全力以赴、不畏艰险、努力奋斗的精神支撑，成为推动国家富强、社会和谐、个人幸福的内在动力，并最终实现全体人民的自由全面发展。

2. 网络社会中社会主义核心价值观认同内容的行为性目标

行为一词一直是社会学、心理学、哲学、法学等学科研究和界定的基本概念，其或为目的的活动、或为应激的活动、或为理性的活动、或为规范的活动等。虽然在具体表述上有所区别，但各门学科都注重行为的外显活动性，且都强调行为的明确意识性是人的行为与动物的行为相区别的主要特征。即人们选择和实施的行为往往具有明确的目的性，而目的又总是有意或无意地受到人们所信仰的价值观念的影响和作用。对此，从个体的角度看，个体正是通过不断调整自身的行为以适应群体的价值观要求而被群体接纳，实现个体的社会化；从群体的角度看，群体通过“奖”或“惩”的行为来达成群体的价值观共有，以维系群体的固化；从国家的角度看，国家通过道德约束、法律强制、教育教化等多样性手段来凝聚整个社会的价值观共识，以传播国家和社会所倡导的主导价值观念。可见，在人的价值观活动中，行为既是过程、也是方式、更是目的。作为过程，行为总是主动或被动地不断调整和变化，从而揭示价值观选择的经过；作为方式，行为又是自觉或强制地维持价值观相对稳定的有效手段。两方面共同作用，行为就表现出检验价值观真理性的必然目的。这时，行为即人们的实践。因而，行为是衡量价值观认同程度的另一个重要的外显性指标。

如前，源于现实社会并作用于网络社会的社会主义核心价值观的“社会主义”性质和“核心”地位，都要求对其的认同不仅要形成肯定、稳定、坚定的内在情感，更要充分发挥情感的积极驱动，使其最终表现在外显的网络行为上，即在网络社会中践行社会主义核心价值观，彰显内在情感和外显行为的“表里如一”，做到“知其所以然”。由此，这里所谓行为性目标是指在形成的社会主义核心价值观肯定、稳定、坚定的情感驱动下，我国全体网民在外在的网络社会活动中应体现出的主动、自觉、必然的行为选择。具体包括：

第一，肯定情感与主动选择的统一。网民对社会主义核心价值观的认同在行为选择上应是“主动的”而不是“被动的”。这是因为，人们形成对社会主义核心价值观的肯定情感并不意味着他们就一定会主动选择符合其要求的行为，而可能是被动的选择，即所谓“人在社会，身不由己”，被动的行为并非行为人真实意图的表达。而肯定往往仅表示“承认”，因此只有在肯定的基础上主动选择符合要求的行为，才能体现全体网民对社会主义核心价值观认同意义上深层次的“赞同”。

第二，稳定情感与自觉选择的统一。网民对社会主义核心价值观的认同在行为选择上应是“自觉的”而非“强制的”。这是因为，人们对社会主义核心价值观的稳定情感并非必然导致他们自觉选择符合其要求的行为，而可能是强制的选择，即所谓“强扭的瓜不甜”，强制的行为容易引发抵制甚至反抗。稳定往往仅表示“赞赏”，因此只有基于稳定而自觉选择适合要求的行为，才能表示全体网民对社会主义核心价值观认同意义上高度的“认可”。

第三，坚定情感与必然选择的统一。网民对社会主义核心价值观的认同在行为选择上应是“必然的”而非“偶然的”。网民对社会主义核心价值观的坚定情感也并不决定着他们就会必然选择符合要求的行为，而可能是偶然的，即所谓“无巧不成书”，偶然的行为具有明显的不确定性。坚定往往仅表示“趋向”，因此只有在坚定前提下的必然选择契合要求的行为，才能彰显全体网民对社会主义核心价值观认同意义上质的“认定”。

结语

使用“范式”作为本章标题的关键词一直到本书完稿，都让我感到忐忑不安。因为“范式”源于库恩,并在库恩的理论中是一个明确的界定:新范式与旧范式是“不可通约”的。即新范式是对旧范式颠覆性的彻底革命,两者没有任何共同性和共通性。正如库恩在其著作《科学革命的结构》一书中所举的例证:只有像拉瓦锡氧化理论取代了普利斯特列的燃素理论、爱因斯坦相对论范式取代牛顿力学范式才是范式的转换,故而在本章中使用范式似乎并不恰当。但正如《科学革命的结构》2003年版的译者——中国社会科学院哲学所金吾伦研究员,在书的“译后记”中回忆1992年在美国与库恩博士会晤时谈到《科学革命的结构》一书时,库恩所言:“如果在经历了二十五年之后,我的看法还一成不变,那么真会使我难堪。在这段日子里,我难道不该学一些东西吗?……其实都是属于同一个不断进行努力,基本上他们都是同一个方面所下的功夫。”这里,库恩并非说其关于“范式”的观点有所改变,但通过库恩的话,让我们看到了一位坚持学习、不断努力的先辈学者的精神。因此,我也就逐渐坦然:这里借鉴“范式”的概念并不表示我们认为网络社会中社会主义核心价值观的认同和现实社会中社会主义核心价值观认同是完全不可通约的,也不表示我们认为社会主义核心价值观的认同与封建主义核心价值观认同、资本主义核心价值观认同是完全不可通约的。而是借鉴库恩“范式”理论中关于时间维度上的范例和模型方面的寓意,来体现网络社会中社会主义核心价值观认同范式的当代性和拓展性。

第八章　审视：网络社会中社会主义核心价值观认同的现状

网络社会中社会主义核心价值观认同是一项只有起点没有终点的持续建设工程，对此必须全面而深入地把握现状、分析致因、遵循规律。

如前所述，网络社会中社会主义核心价值观认同就是在网络社会环境中网络社会主体和社会主义核心价值观之间在认同的过程和结果上的关系。由于网络社会与现实社会是紧密相关的，自我国提出培育和践行社会主义核心价值观伊始就必然作用于网络社会。目前，这种关系的现状到底如何，是否表现为积极的状态，以及积极状态的程度直接决定着接下来的建设策略问题。对此，采用调查研究的方法是全面审视、深入了解这一状态的有效选择。

调查研究一直是我党积极提倡并坚持使用的工作方法和优良传统。早在革命战争年代，毛泽东主席就作出了“没有调查就没有发言权”[①]的著名论断，并在具体工作中坚持开展实地调查、撰写研究报告，如中央革命根据地斗争时期的《寻乌调查》（一九三〇年五月）、《兴国调查》（一九三〇年十月）、《东塘等处调查》（一九三〇年十一月）、《木口村调查》（一九三〇年十一月）、《长岗乡调查》（一九三三年十一月）、《才溪乡调查》（一九三三年十一月）[②]等，并陆续撰写了《反对本本主义》（一九三〇年五月）、《怎样分析农村阶级》（一九三三年十月）、《〈农村调查〉的序言和跋》（一九四一年三、四月）等文章对调查研究的方法作了详细指导。在社会主义建设时期，邓小平总书记提出：“一定要和实际结合，要分析研究实际情况，解决实

①毛泽东选集：第1卷[M]．北京：人民出版社，1991：109.

②中共中央文献研究室，中国井冈山干部学院．毛泽东中央革命根据地斗争时期调查文集[M]．北京：中央文献出版社，2010：目录.

际问题。按照实际情况决定工作方针，这是一切共产党人所必须牢牢记住的最基本的思想方法”[①]，强调实事求是在工作中的重要作用。1993年7月，江泽民总书记在总结毛泽东、邓小平关于调查研究思想的基础上，进一步提出：“没有调查就没有决策权”[②]的重要论断。综上，作为党和国家一以贯之的优良传统和工作方法，调查研究在我国社会主义革命和建设时期，为正确制定各项路线、方针、政策提供了详尽的第一手资料。

因而，在网络社会中建设社会主义核心价值观的复杂过程中，面对复杂的网络社会价值观环境，采用调查研究的工作方法，遵循价值的客观规律，全面审视、科学把握网络社会中社会主义核心价值观认同的具体情况，深入分析存在的问题和致因，探寻有针对性的路径和对策，对于不断提高网络社会中社会主义核心价值观认同的实效性，深入和全面地推进社会主义核心价值观建设筑基工程，进而在全社会培育和践行社会主义核心价值观具有极其重要的意义。

第一节　表征：网络社会中社会主义核心价值观认同的效果

从认同理论的角度看，网络社会中社会主义核心价值观认同就是网络社会主体对社会主义核心价值观在“认”的过程与结果上和“同”的过程和结果上的统一。据此，对网络社会中社会主义核心价值观认同现状的调查研究在内容上应包括：一是相对于认同的网络社会中社会主义核心价值观的呈现状况；二是相对于认同的网络社会主体——“网民”对于社会主义核心价值观的认同的程度这两大方面。前者决定“认”的逻辑起点，而后者是衡量“同”的具体指标，两者统一于网络社会主体与社会主义核心价值观之间的满足关系，其中，“认”是“同”的基础。

在现代科学研究中，调查研究是指：“一种为获得关于某一事物或想象的科学知识，通过一定的客观程序进行数据或资料的收集、整

①邓小平文选：第2卷[M].北京：人民出版社，2009：114.

②江泽民文选：第1卷[M].北京：人民出版社，2006：304.

理、统计、分析，以探索和揭示其现状、过程、构成要素或运动变化的规律为目的的研究活动。”[①]可见在调查研究中，调查的数据是研究的关键，是事关研究的成果是否能反映所研究事物存在和发展的真实状况，揭示事物运动变化的客观规律的核心所在。为此，在调查网络社会中社会主义核心价值观认同状况的具体操作中，为尽可能保证数据的代表性、典型性和广泛性，尽可能地体现研究的客观性和公正性，应坚持以下原则和措施：第一，在调查的方式上，坚持实地调查的原则，将广泛问卷调查和集中访谈调查相结合，确保调查的覆盖面；第二，在样本的选择上，坚持随机抽取的原则，将一般随机取样和分层随机取样相结合，确保样本的代表性；第三，在问卷的设计上，坚持统筹考量的原则，将结构问卷与无结构问卷[②]相结合，避免问题的预设性；第四，在数据的统计上，坚持两级计算的原则，将初次计算和二次复算相结合，确保数据的可靠性；第五，采用无记名调查的模式进行。

基于以上原则和措施，在所进行的《网络社会中社会主义核心价值观认同的调查》中，共发放纸质调查问卷3 000份，回收2 896份，回收率为96.53%；其中有效（主要排除从不上网和所有题目的回答率不到20%的问卷）问卷为2 613份，有效率为90.23%。

一、网络社会中社会主义核心价值观的呈现状况

在承认网络社会中社会主义核心价值观认同是一个过程，且“认”是“同”的基础之后，显然，在网络社会中，社会主义核心价值观能否得到网民的认同，其首要前提就是社会主义核心价值观具备能被“认”的可能。

这里的“认”即“认识”。在心理学领域被称为“认知”（Cognition），并形成了一个独立的心理学派——“认知心理学”，意指人（脑）认识客观事物的心理过程或客观事物对人（脑）作用的过程，

①陈燕．传播学研究方法[M]．北京：科学出版社，2002：11．

②“结构问卷”是指针对每一个问题设置几个可能的答案，调查对象从中选择一个或几个选项，即选择题；无结构问卷是指没有预设答案，调查对象可以自由回答。前者具有针对性、简洁性的优点，但也有随意性、预设性的不足；后者具有限制少、答案全面的优点，但也有数据乱、可控性差的不足。因此，将两者相结合，实现优势互补，有利于提高数据的客观性。

主要包括对客观事物的感觉、知觉、注意、记忆、思维等过程和状态。其中，感觉是指人（脑）对客观事物个别属性作用的反映；知觉是指人（脑）对客观事物整体属性作用的反映；注意是指人（脑）对客观事物的指向和集中；记忆是指人（脑）对客观事物（以信息的形式表现出来，心理学中称之为信息加工）的存储和提取；思维是指人（脑）对客观事物概括性的反映。可见，人的认识是一个复杂的过程，在此过程中存在不同的状态。

据此，对于在网络社会中实现社会主义核心价值观认同而言，首先，作为一种“认同”，社会主义核心价值观在网络社会中应表现为一定的呈现频次，使网民看得到、见得着，即具备“接收”的可能。其次，作为一种具有特定取向的“价值观认同”，社会主义核心价值观在网络社会中应表现出积极的呈现形式，要能有效地吸引网民愿意看、主动见，即具备“接受”的可能。

而网民对网络信息的获取主要是通过搜索引擎实现的。据中国互联网络信息中心公布的《2013年中国网民搜索行为研究报告》中所统计的数据显示：在2013年1月至2013年6月的半年间，98.1%的网民都使用过综合搜索网站。对此，为全面了解网络社会中社会主义核心价值观的呈现状况，在所进行的《网络社会中社会主义核心价值观认同的问卷调查》中关于“您常用的网络搜索引擎是”（可多选）一题中“百度搜索、360搜索、搜狐搜狗搜索、网易有道搜索、腾讯搜搜搜索、其他”6个选项里，“百度搜索”以96.40%的比例占据绝对优势地位，具体选择的数量和比例见表8－1所示。

表8－1　网络综合搜索引擎使用情况

序号	搜索引擎名称	搜索引擎域名	选择数量(单位:个)	所占比例	排名
1	百度搜索	www.baidu.com	2 519	96.40%	1
2	360搜索	www.so.com	1 017	38.92%	2
3	搜狐搜狗搜索	www.sogou.com	769	29.43%	4
4	腾讯搜搜搜索	www.soso.com	615	23.54%	5
5	网易有道搜索	www.youdao.com	381	14.58%	6
6	其他		478	17.53%	

1. 网络社会中社会主义核心价值观的呈现频次

就“接收”的角度而言，不论是感觉、知觉，还是注意、记忆等状态，其基本前提是客观事物要能够作用于人（脑）。在网络社会中，这一作用首先表现为客观事物被人们所“看见”的可能。而相对于网络社会中社会主义核心价值观认同这一命题而言，则要求社会主义核心价值观（不管是什么形式）要能被网民“看见”，如此才能被网民所反映。具体表现为，第一，社会主义核心价值观在网络中呈现的空间位置。这里的空间位置决定“看见”的“先”与“后”，乃至“没有”。因为网络信息在网络中呈现的空间位置不同，直接影响着网民对该信息的接收程度。如受制于单一网页呈现信息容量的限制，当同一关键词所涉及的具体网站有“多个”时，搜索引擎就会通过排序的方式进行“多页面”呈现，以社会主义核心价值观为例，在百度中检索时，就达到数十上百个页面。这导致同一关键词所涉及的具体内容在网络中空间位置的“有前有后”，网民为获取自己所需要的内容，有可能需要进行长时间的浏览检索。一般而言，网民的检索忍耐力一般限于前面几页，如在调查问卷的关于“您在搜索引擎中检索信息时一般会浏览的网页数量?”（单选题）一题，其结果见表8－2。

表8－2　有效问卷样本对信息检索的页数忍耐力情况

序号	检索的选择	选择的数量(单位：人)	所占比例
1	至第一页放弃	172	6.58%
2	至前三页放弃	558	21.35%
3	至前五页放弃	1371	52.48%
4	至前十页放弃	491	18.79%
5	一直检索下去	21	0.80%

关于社会主义核心价值观在五大搜索引擎中呈现的空间位置情况，我们以“社会主义核心价值观”为关键词，以大多数网民信息检索页数的最大忍耐力——前五页为基准，选取了2013年3月1日、6月1日、9月1日、12月1日4个时间点，对照五大搜索引擎对社会主义核心价值观的呈现形式次数（注：①以一级网站标题中有“社会主

义核心价值观”字样的为统计标准，排除相似的信息；②五大搜索引擎每一网页平均都为10个信息源网站）。

表8－3　五大搜索引擎对社会主义核心价值观空间位置的呈现频次

序号	搜索引擎名称	3月1日	6月1日	9月1日	12月1日
1	百度搜索	37	31	30	29
2	360搜索	49	47	47	45
3	搜狐搜狗搜索	55	54	49	51
4	腾讯搜搜搜索	48	47	45	44
5	网易有道搜索	48	48	46	46

可见，五大搜索引擎的前五个页面中社会主义核心价值观均能以较高的频次出现，但也均表现出了逐渐下降的趋势。

2. **网络社会中社会主义核心价值观的呈现形式**

就“接受”的角度而言，客观事物的不同表现形式对于感觉、知觉的形成、注意的程度、记忆的效果等都有着重要的影响。一般而言，客观事物的呈现形式越多样，给人（脑）的刺激越强烈，所形成的感觉、知觉就越深刻，注意的集中度就越高，记忆的效果也越好。如心理学研究表明：“具体的形象材料（实物、模型、图片等）比抽象的语文材料（语言、文字、数字、音节等）容易识记；有意义的材料比无意义的材料易于识记；描述性的材料比论述性的材料易于识记。”[①]因而，对于网络社会中社会主义核心价值观的认同而言，社会主义核心价值观的表现形式应体现出易于“被接受”的要求。这是因为，仅仅“接收”程度的“认”显然并不表示就一定会形成“接受”程度的“认”，更不要说一定会形成“内化情感、外显行为”的“同”。只有在“接收”的基础上，彰显强烈的价值吸引力，满足价值的需要，达到“接受”程度的“认”，才有可能最终实现“内化情感、外显行为”的“同”。对此，在关于“同等情况下，您最喜欢的网络信息呈现形式？”（单选题，四个选项：文字描述、图片展示、视频播放、其他）的调查中，统计结果见表8－4。

①李铮，张履详．普通心理学[M]．合肥：中国科学技术大学出版社，1995：118.

表8－4 有效问卷样本对信息呈现形式的喜好度

序号	信息呈现形式	选择的数量(单位:个)	所占比例
1	文字描述	113	4.32%
2	图片展示	294	11.25%
3	视频播放	1371	52.46%
4	其他	835	31.83%

而在关于“同等情况下，最能让您感到可信的网络信息展示形式是?”（单选题，四个选项：文字描述、图片展示、视频播放、其他）的调查中，统计结果见表8－5。

表8－5 有效问卷样本对信息呈现形式的信赖度

序号	信息呈现形式	选择的数量(单位:个)	所占比例
1	文字描述	52	1.99%
2	图片展示	107	4.09%
3	视频播放	1 521	52.22%
4	其他	933	35.71%

由此可见，视频播放无论在网民的喜好程度还是在接受程度上都远远高于“图片展示”和“文字描述”。

在关于社会主义核心价值观在五大搜索引擎中呈现的形式情况调查方面，同样以“社会主义核心价值观”为关键词，以大多数网民信息检索页数的最大忍耐力——前五页为基准，以2013年12月1日为时间节点，结果显示，文字描述仍然是社会主义核心价值观的主要呈现形式（见图8-1）。需要说明的是，这里五大搜索引擎主要有文字描述、图片展示、视频播放三种呈现形式。在图片频道并未以分页形式表现图片，而是下拉的形式，因此样本选择以五次满电脑屏幕为统计总量；图片展示是指包含具体事例的图片，不包括文字复制形式的图片以及重复的图片；视频播放是指包含具体事例的视频，不包括文字解读形式的视频以及重复的视频。

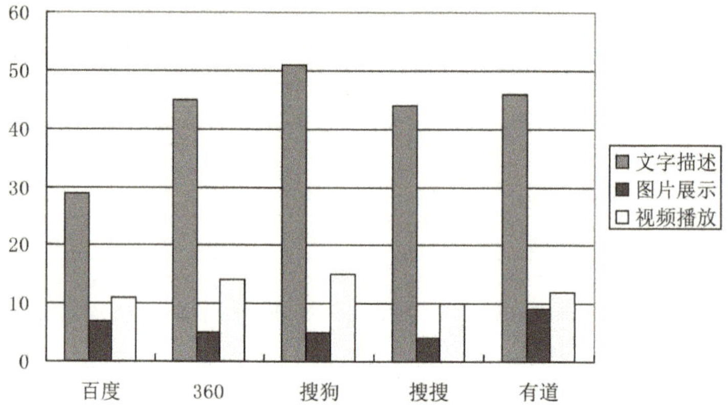

图8－1　2013年12月1日五大搜索引擎对社会主义核心价值观的呈现形式

总体而言，网络社会中社会主义核心价值观无论在呈现频次上还是在呈现形式上，都与网络社会相对于现实社会的重要作用、社会主义核心价值观的核心地位、社会主义核心价值观的社会主义性质对实现我国全体网民认同社会主义核心价值观的要求不甚相符。

二、网络社会主体认同社会主义核心价值观的程度状况

如第七章所述，网络社会中社会主义核心价值观的认同在目标上表现为主体、客体和内容三大方面。一是在认同的主体方面，应体现为我国全体网民对社会主义核心价值观的认同，这是由社会主义核心价值观的“社会主义”性质所决定的；二是在认同的客体方面，应体现为网民对社会主义核心价值观全面内容的认同，这是由社会主义核心价值观的系统性所决定的，社会主义核心价值观是一个由国家、社会、个人三大部分互为前提、相辅相成、协调一致而组成的科学系统；三是在认同的内容方面，应体现为内化情感和外显行为的状态，这是社会主义核心价值观的核心性所决定的。那么，当前，网络社会中我国网民对于社会主义核心价值观的认同到底处于什么样的一种程度？是不是能达到以上三方面的要求呢？

为全面了解这一情况，在所进行的《网络社会中社会主义核心价

值观认同的调查》中，有效问卷样本的基本结构情况（包括性别、年龄、学历、职业和政治面貌五部分内容），见表8－6。

表8－6　有效问卷样本的结果分析

类别		数量(单位:人)	所占比例
性别	男	1 361	52.19%
	女	1 252	47.91%
年龄	19岁以下	345	13.20%
	20—29岁	1 031	39.46%
	30—39岁	773	29.58%
	40—49岁	311	11.90%
	50岁以上	153	5.86%
学历	大学本科以上	821	31.42%
	高中及以上至本科以下	1 172	44.85%
	初中及以下	620	23.73%
职业	教师	79	3.02%
	公务员	127	4.86%
	学生(包括17名留学生)	867	33.18%
	工人	913	34.94%
	农民	305	11.67%
	其他	322	12.33%
政治面貌	中共党员	604	23.12%
	民主党派	39	1.49%
	共青团员	1 198	45.85%
	其他	772	29.54%

从各项数据来看，有效问卷样本覆盖全面，所占比例相对均衡、适中，在与同期（2013年7月发布的第32次中国互联网络发展状况统计报告）中国互联网络信息中心的相关统计数据比对中，各项数值误差较小，所占比例较为接近（注：表中关于第32次中国互联网络发展状况统计报告数据的职业教育包括“高中、中专、技校、大专”；教师和公务员包括“党政机关事业单位领导干部、一般职员”；工人

包括“企业/公司一般职员、专业技术人员、商业服务业职工 、制造生产型企业工人”；农民包括“农村外出务工人员、农村牧渔劳动者”。）因此，调查数据能较好地反映有效问卷样本对社会主义核心价值观认同的现实情况。具体情况见表8－7。

表8－7　研究调查与第32次中国互联网络发展状况统计报告的指标结构对比

类别		本次调查比例	第32次中国互联网络发展状况统计报告比例
性别	男	52.19%	55.6%
	女	47.91%	44.4%
年龄	19岁以下	13.20%	24.5%
	20—29岁	39.46%	29.5%
	30—39岁	29.58%	26.1%
	40—49岁	11.90%	12.6%
	50岁以上	5.86%	7.2%
学历	大学本科以上	31.42%	10.9%
	职业教育	44.85%	41.7%*
	中学及以下	23.73%	47.5%
职业	教师	3.02%	4.4%*
	公务员	4.86%	
	学生	33.18%	26.8%
	工人	34.94%	26.2%*
	农民	11.67%	7.8%*
	其他	12.33%	1.2%
政治面貌结构对比(中国互联网络发展状况统计报告未做统计)			

1. **有效问卷样本的不同群体对社会主义核心价值观整体认同的差异**

在调查中，关于“您是否赞同社会核心价值观”（单选题，三个选项：赞同、不赞同、说不清）的总体认同度调查中，通过数据统计和分析发现，网络社会中不同群体对社会主义核心价值观的赞同各有差异。总体而言，男性群体与女性群体比例相当；不同年龄群体的赞同比例随着年龄的增长而略有下降；不同学历群体的赞同比例也随着学历的升高而略有下降；不同职业群体的赞同比例差异较大；不同政治面貌群体的赞同比例也差异较大。具体情况见表8－8。

表8－8　不同群体的有效问卷样本对社会主义核心价值观整体认同度

类别		赞同比例	不赞同比例	说不清比例
性别	男	61.74	11.15	27.11
	女	64.19	10.54	25.27
年龄	19岁以下	67.97	9.52	22.51
	20—29岁	63.73	9.13	27.14
	30—39岁	61.20	11.56	27.24
	40—49岁	59.14	13.25	27.61
	50岁以上	62.91	10.83	26.26
学历	大学本科以上	51.96	17.34	30.70
	高中及以上至本科以下	59.65	14.63	25.72
	初中及以下	70.13	3.21	26.66
职业	教师	71.31	10.02	18.67
	公务员	63.15	10.23	26.62
	学生（包括17名留学生）	64.72	9.61	25.67
	工人	62.93	10.34	26.73
	农民	57.60	11.26	31.14
	其他	62.11	13.58	24.31
政治面貌	中共党员	73.34	6.08	20.58
	民主党派	58.72	15.22	26.06
	共青团员	69.11	4.95	25.94
	其他	50.71	17.11	32

2. 有效问卷样本对社会主义核心价值观认同程度的差异

我国社会主义主流意识形态的本质体现了社会主义核心价值观建设的筑基工程以及社会主义核心价值观的核心地位，决定了网络社会中的社会主义核心价值观认同程度应表现出我国全体网民对其的高度认同，是在正确认识、科学把握的基础上内化情感并外显行为。而调查数据显示，有效问卷样本对于社会主义核心价值观的认同程度并不一致。总体而言，呈现出以下趋势："知道名称" > "完整表述" > "内化情感" > "自觉行为"。同时，社会主义核心价值观的三大组成层面既是有机的整体，又各有侧重，相互促进。因此，网络社会中社会主义核心价值观认同既要实现对这一整体的认同，又要表现为对三大组成层面的认同。调查数据显示，有效问卷样本对于这三大组成层面的认同也存在差异。总体而言，呈现出以下趋势：对"富强、民主、文明、和谐的国家层面价值目标"的认同 > 对"爱国、敬业、诚信、友善的公民个人层面价值准则"的认同 > 对"自由、平等、公正、法治的社会层面的价值取向"的认同，如在"您认为马克思主义在您的生活、学习和工作中的作用是"（单选题，四个选项：A. 科学的世界观和方法论；B. 值得追寻的伟大思想；C. 偶尔想起；D. 说不清）一题中，选择 A 的有 21.42%、选择 B 的有 17.55%、选择 C 的有 29.17%，选择 D 的有 31.86%；在"您对我国能否成功建设中国特色社会主义"（单选题，四个选项：A. 充满信心；B. 较有信心；C. 没有信心；D. 说不清）一题中，选择 A 的有 26.81%，选择 B 的有 53.39%，选择 C 的有 15.13%，选择 D 的有 22.14%；在"您选择工作时"（单选题，四个选项：A. 仅仅保证很好的收入；B. 要服从国家民族利益；C. 既能使自己和家人幸福又能为国家做贡献；D. 在满足个人需要的基础上听从国家召唤）一题中，选择 A 的有 7.52%，选择 B 的有 15.65%，选择 C 的有 63.74%，选择 D 的有 13.09%。

第二节　归因：网络社会中社会主义核心价值观认同的规律

通过对调查数据的统计和分析可以清楚看出，在当前网络社会中，我国全体网民对社会主义核心价值观的认同还存在诸多问题，究其原因主要是在网络社会这一特殊的认同环境中对网络社会中价值观认同规律的把握不足。对此，全面考量和深入分析网络社会中社会主义核心价值观的生成规律、传播规律和作用规律是其中的关键。

一、网络社会中社会主义核心价值观的生成规律

在马克思主义看来，价值表现为主客体之间因需要而形成的满足与被满足的关系。需要是价值生成的基本规律和主要动因。价值观简言之，就是对价值的看法和态度。一方面，作为价值主体的人的需要具有多样性，有类别上的差异，如物质的、精神的；有层次上的差异，如生存的、发展的，等等。正如马克思所指出的："人以其需要的无限性和广泛性区别于其他一切动物。"[①]另一方面，作为价值主体的人的本身也是多样的，如角色、身份、归属群体等，他们的需要也各有差异。正是这种需要的多样性形成了价值的多元性。而多元的价值在人的交互中又促使价值交流、交融和交锋的出现。对此，从个人价值与社会价值之间的关系来看，当个体价值趋向社会价值，与社会价值交融，最终表现为对社会价值的内化情感和外显行为时，个体价值与社会价值就表现出同一性。这就是价值的形成过程，也即实现了价值的认同。而要实现这一过程，就必须建立在社会价值以其内容的基本属性满足个人需要的基础之上。与此相对应，价值观的形成过程也就是实现价值观认同的过程，其具体表现为个体的价值观与社会主导价值观的同一性过程。

社会主义核心价值观之所以成为我国当前社会主义初级阶段的核心价值，正是因为其属性和品质满足了当代全体中国人民的根本需要，体现了全体中国人民的基本利益，是对国家富强需要、社会和谐需要、个人幸福需要的全面满足。这也是社会主义核心价值观生成的基本规律和主要动因。但正如以上所析，价值观的形成是一个过程，尤其是核心价值观的形成更是一个长期的过程。在这一过程中，价值观的形成受到诸多因素的影响，如需要和利益的多样性，价值环境的变化、主体既有的价值观等。因而社会主义核心价值观的形成不可能一蹴而就，可能是曲折的，甚至会有反复。

这一情况在网络社会中尤其显著。因为网络社会相对虚拟的特质所造就的特殊价值环境，对于实现我国全体网民认同社会主义核心价

①马克思恩格斯全集：第49卷[M]．北京：人民出版社，1982：130.

值观，并在全体网民中培育和践行社会主义核心价值观具有双面性作用。其一，相对虚拟的网络社会造成了其价值环境的极端复杂性，对社会主义核心价值观认同是一个难得的机遇。相比较传统的现实社会而言，相对虚拟的网络社会造成了其诸多原本价值观界限的相对模糊。如不同国家、民族间界限的相对模糊，即形成所谓“地球村”“全球化”的价值环境。各种社会思潮此起彼伏，各种价值观不断涌现，随之而来的价值观交流、交融和交锋也必然出现。多样化的价值环境对于我国社会主义主流意识形态的本质体现——社会主义核心价值观的建设而言，可以通过交流、借鉴，汲取其他价值的合理成分，通过交锋有利于锤炼社会主义核心价值观的优良品质，彰显社会主义核心价值观相对于其他价值观的优越性，从而推动我国全体网民对社会主义核心价值观的认同。其二，相对虚拟的网络社会造成了其价值环境的极端复杂性，对社会主义核心价值观认同又是一个严峻的挑战。一方面，在网络社会的相对虚拟特质所造成的多元化价值环境中，必然存在与社会主义核心价值观相矛盾、相冲突的价值观形式和内容。如此，各种价值观念诱惑粉墨登场、各种价值观念欺骗层出不穷，价值观念之间更多地表现为彼此的交锋和交战，且日益频繁和激烈。可以毫不夸张地说，当前网络社会已经成为各种意识形态建设和斗争的重要战场。这必然影响到我国网民对价值观念的正确选择，冲击他们对社会主义核心价值观的认同。另一方面，相对虚拟的网络社会也造成了网民个体价值观身份的模糊——匿名性。如此，满足个体需求的价值欲望被相对放大。而同等条件下，群体价值观、社会价值观对个体的约束就会相对松弛。这也直接影响到我国网民对社会主义核心价值观的认同。

因此，在网络社会中，要有效实现对社会主义核心价值观的认同，形成对社会主义核心价值观的情感内化和行为外显，使社会主义核心价值观成为网络社会中的主流价值，就必须深入把握需要的理论，遵循网络社会中价值观念生成的规律。

具体而言，就是构建网络社会中网民需要的合理化体系，在兼顾不同个体的需要与不同群体的需要、当前需要与长远需要、局部需要和整体需要、次要需要和主要需要等的基础上，突出群体的、长远的、整体的、主要的需要。既不能片面强调群体的、长远的、整体的、主要的需要，而漠视个体的、当前的、局部的和次要的需要，因为需要是相互转化的；也不能无限拔高个体的、当前的、局部的和次要的需要而冲击群体的、长远的、整体的、主要的需要，因为矛盾是有层次的。应当立足于深入、细致的调查研究的基础上，尊重合理的差异，协调不同的需要，着力在形式与内容上增强社会主义核心价值观的吸引力和凝聚力，充分发挥社会主义核心价值观的优越性，切实实现社会主义核心价值观对我国全体网民需要的持续满足，彰显社会主义核心价值观对全体网民根本利益的全面关怀。正如毛泽东所指出的，“十样事物，如果你调查的九样都是一些次要的东西，把主要的东西都丢掉了，那么，依旧是没有发言权。”①

二、网络社会中社会主义核心价值观的传播规律

自1948年美国著名的政治学家、社会学家、心理学家和传播学者哈罗德·拉斯韦尔（Harold Lasswell，1902—1977）在出版的《社会传播的结构和功能》（英文书名：The Structure and Function of Communication）一书中提出了经典的传播“五W理论”（Who：谁，即传播主体；Says What：说了什么，即传播内容；IN Which Channel：通过什么渠道，即传播媒介；To Whom：对谁说,即传播对象；With What Effect：有什么效果，即传播效果。简称：Who、What、Which、Whom、With），明确界定了传播过程中的五大要素之后，伴随着接踵而至的美国著名的社会心理学家库尔特·卢因（Kurt Lewin，1890—1947，又译：库尔特·勒温）的“把关人论”（The Gatekeeper Theory，又译为：守门人理论）和美国著名社会学家拉扎斯菲尔德（Paul F.Lazarsfeld，1901—1976）的“两级传播论”（Two-Step flow of Communication），以及美国著名实验心理学家卡尔·霍夫兰（Carl Hovland，1912—1961）的“劝服论”②等传播理论的发展，“传播”

①毛泽东选集：第2卷[M]．北京：人民出版社，1993：382.

②李彬．传播学引论[M]．增补版．北京：新华出版社，2003：30-37.

作为一种基本而普遍的社会现象开始广泛引起政治学、社会学、心理学、语言学、新闻学、符号学等众多学科的关注，并通过与众多学科的相互渗透形成了一门具有深刻理论意义和广泛现实意义的“传播学”学科。作为这门学科的核心概念——“传播”也被众多学者们所阐释。但令人遗憾的是，由于传播概念具有广博的范畴，以及学者们研究角度的差异，这一概念一直没有一种公认的定论而莫衷一是。曾有学者做过统计，如今关于传播的定义至少有140多种[①]。

这里我们并非系统研究传播学这一概念，而是为了探究网络社会中社会主义核心价值观认同的传播规律，因此，我们仅就传播一词的本身寓意来看，其主要有以下几方面特征。第一，传播是一个过程。无论是传播的时间维度，还是传播的空间维度，以及实现传播的效果，都是一个过程。第二，目的性。这从传播一词的本身释义就能看出，在英文中，“Communication”一词来源于拉丁语“Communicatio”和“Communis”，“其主要意项是人类传递或交流信息、观点、情感或与此有关的交往活动”[②]。因此，实现信息、观点、情感等的传递和交流是传播的目的。正如霍夫兰在其1953年出版的合著《传播与劝服》（英文书名：Communication and Persuasion）一书中对传播概念所下的定义，传播就是某人（传播者）通过传递刺激信号（一般是语言符号）以改变他人行为的过程。即在霍夫兰等人看来，传播不仅仅具有传递、交流信息的直接目的，还具有通过信息改变他人的目的。第三，互动性，如“目的性”中所述，传播是一种交流、交往的活动，因而在作用力的方向上是相对的，即传播一方面表现为传播者对于传播对象的作用，另一方面还包含着传播对象对传播者的反作用。

综合以上分析以及前文关于价值观认同的界定，可见，网络社会中社会主义核心价值观认同即是网络社会中社会主义核心价值观的传播活动。只是相对于建设社会主义核心价值观范畴内的网络社会中社会主义核心价值观认同而言，这一传播是在网络社会这一特定的环境中展开的，借鉴拉斯韦尔的“五W理论”，其传播主体是“我们党和

①肖沛雄．新编传播学[M]．广州：广东人民出版社，2006：2.

②肖沛雄．新编传播学[M]．广州：广东人民出版社，2006：1.

国家以及参与到网络社会中且认同社会主义核心价值观的人”，传播的内容是“社会主义核心价值观”，传播的对象是“我国全体网民”，传播的渠道是“网络平台”，传播的效果是“达到认同状态的目标”。网络社会中社会主义核心价值观认同就是这五大要素在网络社会中的相互作用的传播过程。因此，要有效实现网络社会中的社会主义核心价值观认同，就必须遵循以相对虚拟为核心特征的网络社会信息传播的基本规律。

其一，在传播内容的形式上，由现实社会的“剥离传播”向“融合传播”转化。传播内容的信息组织形式在很大程度上影响着传播内容的吸引力。对此，在现实社会的传播过程中，传播内容的信息组织形式较为单一，主要包括文字描述、图片展示、视频展播等，或是其中之一，或是简单叠加。即现实社会的传播是对信息内容特征上的剥离。这一方面限制了信息所要表达的丰富内涵，另一方面也制约了所要传播的信息的作用力。正所谓“耳听为虚”，而必须“眼见”才能“为实”。在网络社会中，相对虚拟的特征使加工过的信息表现形式更为多样，不仅可以以文字、图片、视频等传统形式呈现，还可以通过虚拟动画、模拟仿真，甚至情境虚构等方式进行逼真的展现，且可以综合运用以上的方式使个体的信息表现出丰富的内涵。即网络社会中的传播是对信息内容在特征上的融合。从而在传播的效果上必然更具说服力，达到了“所见即所得”的传播效果。

其二，在传播过程的速度上，由现实社会的“延时传播”向“实时传播”转化。传播过程的速度直接决定着所传播内容的时效性，从而影响到信息传播的范围。在现实社会中，传统的信息传播速度较低。信息从传播主体的采集、整理、传播，再到传播对象，一般耗时较长，甚至出现新闻即历史的现象，如报刊、杂志、电视、广播，等等。而在网络社会中，相对虚拟的特征使传播过程具备“相对超时空性”。传播主体与传播对象之间的时间和空间距离被无限缩小，信息在传播主体和传播对象之间实时传递。“天涯若比邻”“实时呈现”的传播效果在网络社会中成为现实。

这里需要看到，一方面，正是以上特征的相互作用、相互促进，构成了网络社会中特殊的信息传播规律。如正是相对虚拟的网络社会实现了融合式的信息组织形式，才使得包含众多特征的信息得以高速传播，而信息的高速传播也促进了融合式信息的影响作用。但另一方面，也要清楚地认识到网络社会中的信息传播存在一定的挑战。如多样融合的信息表现形式使个体的信息所包含的内容极为广泛，而高速更新的网络信息也使整个网络社会的信息体量庞大，这必然造成信息的繁杂和泛滥，不利于传播对象的正确选择和判断。因此，在当代网络社会与现实社会的依存和关联日益紧密的背景下，实现社会主义核心价值观在网络社会中的认同必须建立在对这些传播规律的遵循之上，以挖掘其积极的因素，克服消极因素，充分发挥社会主义核心价值观的辐射力，将网络社会建设成为我国社会主义和谐社会建设的重要组成和积极助力，为在全社会培育和践行社会主义核心价值观筑牢基石。

三、网络社会中社会主义核心价值观的作用规律

简而言之，从建设的角度而言，网络社会中社会主义核心价值观的认同过程即是在网络社会中充分发挥社会主义核心价值观的影响作用，使其在网络社会的各种价值观念中居于主导地位和起到引领作用。而在此过程中，遵循网络社会这一特殊价值环境的作用规律是实现这一目标的关键之一。

在物理学中，影响一种力的作用主要有两大要素：一是作用力的大小，即力量的强还是弱，是起到主要作用还是次要作用；二是作用力的方向，即力量是正向的还是反向的，是推动作用还是阻碍作用。前者决定该力量的地位，体现该力量的影响程度；后者决定该力量的性质，体现该力量的影响效果。

对此，网络社会中社会主义核心价值观的认同就是充分发挥社会主义核心价值观强大的主导力和正向推动力，并消除其他不良价值观的干扰力和反向阻碍力。在这一过程中，价值观力量作用的主体是“我们党和国家以及参与到网络社会中且认同社会主义核心价值观的人”，价值观力量作用的客体是“我国全体网民”。

综上，网络社会中价值观的作用规律主要表现为以下两方面：

其一，从价值观作用的主体角度看，在作用力的大小上，由现实社会的“点对点作用”向网络社会的“点对多作用”转化。在现实社会中，一种价值观的作用主要表现为“点对点”的形式。这是由于：第一，由于现实社会中的个体之间存在空间位置上的绝对距离，因而人与人之间的交流主要是在个体与个体之间或小范围的群体之间，人与人之间价值的影响和作用一般是在小范围内的点和点之间进行。第二，即使像较大规模的教育教化行为，如学校的价值观引导和价值观培育，表面上似乎实现了“点对多作用”，但一方面作为现实社会中特定价值观的建设而言，其价值观作用的主体是专业人士，在社会中居于少数的地位；另一方面，要促使一个人关于价值观上根本态度的转变，并内化为稳定的情感和外显为坚定的行为，需要一个长期的作用过程，而仅仅依靠某一个教育者或某一个较短的教育时间，是很难实现的。从一个长时间的过程来看，这属于小范围内的点和点之间的作用，是特定范围内的作用。所以，现实社会中“点对点”的价值观作用力相对较小。当然，这并不是说现实社会中就无法进行价值观的引导和价值观的培育，只是说相对而言，这一价值作用力的范围和强度较小，而要实现强大的价值观作用力需要投入较大的“成本”。这也是当前现实社会中价值观引导和价值观教育效果较低的重要原因。而在网络社会中，相对虚拟的特质造就了其“相对开放性”的价值环境。在此环境中，价值观的“点对多作用”得以实现。这是因为，与现实社会不同，网络社会中，作为价值观力量作用的主体不再仅仅是一成不变的特定少数人，价值观作用的主体与主体之间不再是无法逾越的鸿沟，而是可以相互转化的。相对开放的网络社会价值环境使网络参与的门槛极低，个体的价值观作用力也因此得以解放，形成了人人均是传播主体的“大众传播”格局。如此，当个体在网络社会中传播自身的价值观时，通过网络的辐射和扩散，使个体的价值观影响力大幅提高。通过个人网站、BBS、聊天室、社交网站微博、微信等网络技术，个体可以实现对群体“点对多”式的重要影响和作用，甚至出现个体对抗、危害群体的现象。如2006—2007年，被评为2006年计算机病毒"毒王"的"熊猫烧香",就是由一个25岁的青年制作,仅仅在数周内就感染了上百万台电脑,造成的损失难以估量。

其二,从价值观作用的性质角度看,在作用力的方向上,由现实社会的"单向作用"向网络社会的"多向作用"转化。在现实社会中,价值观作用力的方向一般是单一的自上而下的模式,即从价值观力量作用的主体流向价值观力量作用的客体。而作为价值观力量作用的客体,一般只是被动地接受这一作用力。这是因为,作为一种有着特定建设目标的价值观作用,其方向一般就是朝着价值观作用主体所设计或期望的方向发展。因而,就价值观作用主体的角度而言,这一作用力是正向推动的、单一的。虽然价值观力量作用的客体也可以进行反馈,表现出反作用力,但在现实社会的信息流动机制严重制约了这一反作用力的发挥。在此意义上,可以说现实社会中的价值观力量作用方向是较为可控的。而在网络社会中,相对虚拟的特征导致了价值观力量作用的"相对交互性",价值观力量作用的方向也因此变得多向。这是因为,正如前面所分析的,相对虚拟的网络社会价值环境使价值观力量作用的主体和客体之间实现了转化,价值观力量作用的主体之间、价值观力量作用的客体之间、价值观力量作用主体与客体之间的差异基本弥合,他们之间的价值观交流相互交叉。这必然造成网络社会中价值观的多元,进而导致价值观力量作用的多向。推动力或阻碍力、正向的或反向的也就随之纷纷出现。

正是以上网络社会中价值观力量作用规律的两面性,使网络社会中社会主义核心价值观认同既面临着积极的发展机遇,也面临着巨大的挑战。对此,充分发挥网络社会中价值观力量作用规律的积极方面,消除不利方面,成为我们在制定网络社会中社会主义核心价值观认同的战略和对策上必须认真对待和着力解决的问题。

结语

调查研究是近现代科学研究的基础方法,也是我们党和国家一直提倡并灵活运用的工作方法。从调查中可以获得大量的第一手资料,并直观地反映所研究课题的现状,较好地反映出当前事物发展的状态。但诸如问卷题目和题型的设计、内容和答案的编排都带有研究者的主观色彩而存在一定的预设性。因此,一方面要合理规划和设计调查问卷;另一方面,还要运用科学的理论指导,全面而深入地分析调查数据,尽可能如实反映客观事物的现实状况。正是这一原因,在《网络社会中社会主义核心价值观认同的调查》中,我们并没有使用方差、平均差等极其复杂的统计方式,而是在客观、全面、深入和细致的方面下工夫,力求调查数据能准确反映出网络社会中社会主义核心价值观认同的原貌,为之后的认同路径建设奠定良好的基础。

第九章　考察：近代以来国内外典型核心价值观认同的镜鉴

对已成功事例经验的考察和总结可以为当前的研究提供有效的方法论借鉴，尤其是对于社会主义核心价值观认同这一复杂的过程而言。

资本主义社会和社会主义社会是当今世界的两大主要社会形态，其确立和发展都有着一个社会核心价值认同的过程。资本主义在形成和发展过程中，其所倡导的自由、民主、理性等价值理念有一个从提出到传播，最终成为资本主义世界核心价值体系的过程。在此过程中，资产阶级充分关注自由表达权利的实现，积极构建话语优势，为自由、民主、理性等价值理念的传播奠定了重要的基础。以毛泽东思想为典型代表的社会主义核心价值理念在我国社会主义革命时期，也有一个从提出、传播，最终得到普遍认同，成为党和国家核心价值观的过程。对此，全面考查其认同的历史进程，总结有益的经验，对于当代中国在社会主义初级阶段建设社会主义核心价值观具有重要的理论和现实镜鉴意义。

第一节　启示：启蒙思想在欧美的广泛传播

17世纪晚期至18世纪，随着文艺复兴的余韵和资本主义的不断发展，欧洲经历了一次波澜壮阔的资产阶级启蒙运动，史称“启蒙时代”。在运动过程中，启蒙思想家们用“理性”与“自由”批判和反抗封建君权与宗教神权的专制统治，在短短一个多世纪中，资产阶级启蒙思想就席卷了整个世界，引导着各国的资产阶级革命。期间涌现的思想家群星璀璨，各种思想汗牛充栋，波及范围之广、影响之深远史无前例，深刻地改变了整个世界的历史进程，是人类思想传播史上无与伦比的历史丰碑。对此，从现代传播学的角度全面检视这一运动的基本历程和作用机制，对于当代处于社会转型时期的中国建设社会主义主流意识形态具有重要的镜鉴意义。

一、表达自由的权利实现

在现代传播学中，传播是指“信息的传递和流动”①，而信息的自由表达显然是传播的基本环节和重要条件。思想是观念化的信息，在欧洲启蒙运动中，启蒙思想家正是在批判封建专制的出版审查制度的基础上，从实现以“出版自由”为核心表征的言论表达自由权利入手，倡导自由主义价值理念，使启蒙思想的广泛传播成为可能，并有力地推动了启蒙思想的广泛传播，同时，启蒙思想在欧洲资产阶级革命过程中也发挥了发动民众、引导舆论的重要作用。

启蒙运动前的欧洲长期处于宗教神权和封建君权的专制统治之下。为禁锢思想、控制舆论，各国统治者都建立了严苛的出版审查制度。以欧洲启蒙运动发源地之一的英国为例，这一控制最典型的代表是以王室特许形式存在“书商公会”（The Stationers’ Company）②。自1557年书商公会从英国王室获权对出版物进行管理之后，英国王室不断将对出版物的搜查、扣留、没收、毁禁、处罚等审查控制权力赋予书商公会，并明确规定了审查的范围、形式乃至频率，确保书刊符合教会神权和王室皇权统治的需要。而在欧洲启蒙运动的另一中心法国，源自中世纪的报刊审查制度同样严重束缚着人们的思想。自1521年起，法国就逐步建立起负责检举的“索邦神学院”，负责审判的“高等法院”，负责决断的“御前会议”，以及履行谏诤职能的“教士大会”四大相互联系又彼此斗争的书刊审查机构，严格管控和压制

①肖沛雄．新编传播学[M]．广州：广东人民出版社，2006：1．

②“书商公会”的前身是1510年前后由从事出版、销售图书的商人在伦敦成立的“书商兄弟会”，全名为“虔敬的文具商和报纸制造商公会”(Worshipful Company of Stationers and Newspaper Makers)，其并非英国政府权力机构，而是类似于行业协会性质的组织，但英国王室于1557年以特许令的形式将管理英国书报出版的权力赋予该公会以后，书商公会在实质上就行使了书报出版审查的控制权力，并沦为英国王室严控出版的准官方机构。参见：吴小坤．自由的轨迹——近代英国表达自由思想的形成[M]．桂林：广西师范大学出版社，2011：53．

敢于挑衅、威胁国王和教会权威的“异端邪说”。

对此，欧洲的启蒙思想家发起了出版自由抗争运动，以争取表达自由的权利。在英国，政论家约翰·弥尔顿（John Milton，1608—1674）是最具典型意义的代表。1644年，在以小册子的形式出版的《论出版自由》（原文的标题为：Liberty of Unlicensed Printing,意为：不受许可管制的印刷自由）中，弥尔顿描述并表达了对古希腊和古罗马对言论宽容态度的向往，提出“真理和悟性绝不能象商品一样加以垄断，或凭提单、发票，掂斤播两地进行交易”[①]，并以此批判英国的《出版管制法》关于：“凡书籍、小册子或论文必须经主管机关或至少经主管者一人批准，否则不得印行”[②]的规定，即“出版许可证制度”，并将之视为“破坏学术、窒息真理”[③]。《论出版自由》也因明确地反对出版审查制度、公开宣扬出版自由而被广泛关注，成为公认的近代英国表达自由思想形成的基石，弥尔顿也因此被奉为表达自由思想的先驱。正是在以弥尔顿为代表的众多启蒙思想家的不断关注和批判，以及资产阶级革命的推动下，英国于1695年废止了《出版管制法》，并随着包括广告税(1853)、印花税（1855）、纸张税（1861）等在内的知识税也被废除，出版自由权利在英国最终得认实现。而在法国，这一抗争运动得到了十八世纪法国资产阶级启蒙运动的旗手伏尔泰（Voltaire，1694—1778）、大革命倡导者雅克斯·皮埃尔（Jacques—Pierre，1754—1793）等一大批启蒙思想家的坚定支持和积极响应。伏尔泰在其《论思想自由》一文中就主张：自由说出心里话的权利；皮埃尔倡导从王室检察官的控制下解放民众的思想，主张出版自由权利。这些诉求在大革命中得到了积极回应，1789年5月，终结出版审查制度的《出版自由宣言》发表，同年8月，颁布的《人权宣言》（法语：Déclaration des Droits de l'Homme et du Citoyen，意为：人权和公民权宣言）在第11条中明确赋予了每个公民“言论、著述和出版的自由”，以立法的形式确立了表达自由是“人类最宝贵的权

①(英)密尔顿．论出版自由[M]．吴之椿，译．北京：商务印书馆，1989：30.

②(英)密尔顿．论出版自由[M]．吴之椿，译．北京：商务印书馆，1989：4.

③(英)密尔顿．论出版自由[M]．吴之椿，译．北京：商务印书馆，1989：5.

利之一”。到1881年7月关于出版的专门法——《出版自由法》颁行，出版自由权利在法国真正得以保障。

虽然这一时期的出版自由尚存在一定程度上宗教自由的局限，并在其后甚至造成了因追求极致的商业利益而出现的出版业混乱、失控等一系列问题。但对于当时欧洲的启蒙运动而言，出版自由带来了言论的表达自由随着出版的日渐繁荣，各种宣传启蒙思想的书籍、报刊、小册子等日益激增，一方面从根本上扭转了神权和君权专制统治之下的知识行丁上的等级特权局面，知识向平民化普及，启蒙思想开始了向普通民众行于下的广泛传播；另一方面也推动了启蒙思想在国与国之间的交流和融合，客观上也起到了促进启蒙思想完善的作用。在此意义上可以说，由出版自由衍生的广泛意义上的表达自由冲破了欧洲中世纪以来思想传播的桎梏，极大地推动了启蒙思想在纵向和横向两个方面的广泛传播，为欧洲、北美，乃至整个世界范围内的资产阶级革命浪潮做了充分的理论准备和思想动员。正如英国社会史学者罗亚·保特（Roy Porter，1946—2002）所言：“印刷被证明是启蒙观点和价值普及的重要推动力。”

二、话语优势的有效构建

自传播学诞生之初，“效果”就因是其所有研究最受重视的方面而被奉为安身立命的根基。即任何传播行为总是表现出特定的目的性，这一目的性在传播学中有一个特定的概念——劝服，意指“通过传播引起受众在思想与行为上发生传播者所期望的变化”，[①]而影响劝服效果的关键因素在于“传播来源”“传播方式”[②]等方面。在欧洲启蒙运动中，启蒙思想家们正是通过理论的整体性和极富艺术性的呈现方式构建了他们所倡导的思想以显著的话语优势，彰显了启蒙思想的巨大吸引力，成功实现了启蒙思想由少数精英知识分子的个人主张扩张为新兴资产阶级和广大普通民众共同追求的社会主流思想。

从纵向来看，启蒙思想具有鲜明的整体性。当下，在关于欧洲启

①张国良．传播学原理[M]．上海：复旦大学出版社，2009：227．

②李彬．传播学引论[M]．增补版．北京：新华出版社，2003：242-252．

蒙运动时期的思想论述和研究中，国内外学者无论是编还是著，基本都延续着“国别”或“人际”的传统范式展开，如王振槐主编的《西方政治思想史》（南京大学出版社，1993），许耀桐教授所著的《西方政治学史》（外语教学和研究出版社，2009），意大利著名政治思想史专家萨尔沃·马斯泰罗内（Salvo Mastellone）所著的《欧洲政治思想史——从十五世纪到二十世纪》（黄华光译，社会科学文献出版社，2001），美国印第安纳大学及加州大学约翰·麦克里兰客座教授《西方政治思想史》（彭淮栋译，海南出版社，2003）等等。国别和人际的视角虽然有助于人们从横向比较中理解不同启蒙思想家理论间的差异，但启蒙作为资本主义取代封建主义历史进程中的资产阶级思想解放运动，其所倡导的思想必然在根本上是密切联系的整体。正如前面所析，虽然在自由平等具体内容上，从霍布斯到洛克、从孟德斯鸠、伏尔泰再到卢梭等启蒙思想家之间，从保守派与激进派、立宪派与共和派，再到百科全书派等各理论流派之间存在着这样或那样、或多或少的分歧，但他们的资产阶级性质的反专制统治的特征是高度一致的。以“理性和科学”反对宗教冒昧、以“自由和平等”抗争封建专制是他们共同的价值追求。彼此之间更多表现为相互继承和交融上的整体思潮，共同引导着世界范围内的资产阶级革命。如在自由和平等思想上，洛克正是在继承霍布斯“自然状态的人人平等”思想的基础上提出了“人生而自由和平等”的观点。在法国，伏尔泰接过这一接力棒，提出了“天赋人权”的主张，到了孟德斯鸠又具体化为“言论、信仰、私有财产”等方面的自由平等权利，卢梭则将其发展为“人民主权”的自由平等观。启蒙思想中核心层次的一脉相承使其在传播过程中表现出了持续的话语说服力，有力地促进了启蒙思想的广泛传播。

另外，在传播方式上，一方面，启蒙思想家表现出了高超的艺术潜质，创造出了诸如现实小说、哲理戏剧、讽刺诗歌等丰富多彩的呈现形态，极大地提高了启蒙思想传播的效果，如英国启蒙主义文学家丹尼尔·笛福（Daniel.Defoe，1660—1731）所著的《辛格尔顿船长》《摩尔·弗兰德斯》《杰克上校》《鲁滨孙漂流记》等大量启蒙小说，其中，流传最广的《鲁滨孙漂流记》以苏格兰水手亚历山大·赛尔柯克的真实经历为蓝本，描述了一个独居荒岛，凭借智慧和勇气战胜艰难险阻的新兴资产者的成功形象，歌颂了资产阶级进取精神。他也因此被誉为英国和欧洲启蒙时期现实主义小说的奠基人。在法国，古典戏剧大师莫里哀（Moliere，1622—1673）是这一时期戏剧的代表人物，其创作的五幕诗体喜剧《伪君子》描写了一个资产者奥尔贡因收留宗教神棍答尔丢夫而险遭破产的故事，将矛头直指教会伪善、贪婪和丑恶的嘴脸。启蒙思想家们或基于现实、或运用对比等艺术性的思想呈现方式，有效营造了良好的启蒙思想传播的环境和氛围，增强了启蒙思想传播的话语感召力，使启蒙思想在潜移默化中深入人心。另一方面，启蒙思想家们充分利用诸如阅览室、咖啡观等公共场所，或经常出入贵族夫人的沙龙①，以激情澎湃的演讲和发人深省的讨论猛烈抨击与批判专制统治，宣扬启蒙思想，构建了有声传播的话语优势，起到了唤醒民众、加速启蒙思想的有效传播和普及的作用。

近代欧洲的启蒙运动发生在封建主义向资本主义过渡的社会转型时期，是为了发展资本主义而展开的思想解放运动。在现代传播学的视野中，这一运动有效推动了启蒙思想的广泛传播，为随后到来的西方各国资产阶级革命提供了思想指引和舆论动员。同样，当前我国正处于政治、经济、文化等各方面的社会转型时期，国内外各种思潮涌动，不同的价值观念相互交融竞争，严重冲击着我国社会主义社会核心价值观。因此，全面审视和积极借鉴近代欧洲启蒙运动中思想传播的有益经验，对于巩固马克思主义意识形态的主导地位，使之更好地指导实现中华民族伟大复兴的中国梦具有重大的现实意义。

第二节　经验:毛泽东思想在中国的成功实践

毛泽东思想是以毛泽东同志为代表的中国共产党人创造性地将马

①“沙龙”一词最早见于意大利“Salotto”，专指用于装美术品的屋子。近代意义上的沙龙是在其融入法语“Salon”之后，在启蒙运动中专指法国贵妇人接待社会名流、精英学者的聚会。启蒙思想家常常利用这一场所讨论、宣扬启蒙思想。参见：新编剑桥世界近代史：第6卷[M]. 北京：中国社会科学出版社，2008：106.

克思主义基本理论和中国具体国情相结合，在我国社会主义革命时期确立的党和国家的指导思想，是马克思主义中国化的第一个重大理论成果，是取得社会主义革命胜利的根本保证，开启了马克思主义中国化的理论历程。

一、立足国情：毛泽东思想指导地位确立的现实基础

立足中国的具体国情，牢牢扎根于中国革命（和建设）的实际，并将之与马克思主义基本理论相结合地运用于中国革命的实践是使毛泽东思想逐步得到全党和全国人民接受、认同，并最终成为中国革命和建设的指导思想的现实基础。正如1937年8月，毛泽东在其《矛盾论》一文中深刻阐述："如果不研究矛盾的特殊性，就无从确定一事物不同于他事物的特殊的本质，就无从发现事物运动发展的特殊的原因，或特殊的根据，就无从辨别事物，无从区分科学研究的领域。"①为此，以毛泽东为代表的中国共产党人注重实地调研，坚持理论斗争，继承和发展了马克思主义矛盾理论，为中国革命和建设提供了正确的方向指引。

1. 方法上的调查研究

调查研究是深入了解一定时期事物发展变化的具体情况和形势，准确把握事物发展变化的趋势和特征，并作出正确应对的有效方式方法。早在1930年，毛泽东就提出了"没有调查，没有发言权"②的著名论断。在人民出版社1991年版四卷本《毛泽东选集》收录的1925—1949年毛泽东在中国革命各个时期的159篇论著中，仅以"分析""考察""形势""问题"为题目关键词的调查研究就有20篇，占总数的12.58%，包含调查研究的内容则更是不胜枚举。以毛泽东为代表的中国共产党人正是秉承认真负责的调查态度，运用正确的调查方法，通过对当时中国具体国情的细致分析，将调查作为开展各项工作、解决各种问题的主要依据和指针，合理制定并严格执行了一系列正确的方针、政策，使革命的"星星之火"逐渐成为"燎原之势"。

①毛泽东选集：第1卷[M]. 北京：人民出版社，1991：309.

②毛泽东选集：第1卷[M]. 北京：人民出版社，1991：109.

调查研究是否扎实、细致直接影响着相应制度、政策制定的科学与适合与否，并最终决定着问题能否得到有效的解决。对此，认真负责的态度是以毛泽东为代表的中国共产党人在调查研究中一贯的坚持。1930年5月，毛泽东在《反对本本主义》一文中，就曾在严厉批判部分领导同志仅凭主观臆想、畏难调查研究的“懦夫”“蠢人”等错误的基础上，大力提倡认真负责、脚踏实地的调查研究态度，强调：“中国革命斗争的胜利要靠中国同志了解中国情况”①。从现今保存的文献看，毛泽东不仅要求广大党员干部养成认真负责的调查研究态度，其本身更是以身作则、身先垂范。如1930年，在江西省寻乌县所做的《寻乌调查》中，毛泽东从“政治区划”“交通”“商业”“旧有土地关系”和“土地斗争”五大方面细致入微地调查了寻乌的基本情况，调查报告（全文共72 758字）中大到寻乌的商业状况、阶级构成，小到货物种类数量、来往账目明细、各种阶级人数，甚至将相关数据具体到个位②。认真细致的调查研究使当时的共产党人认清了根据地的具体形势，为制定正确的土地革命政策、巩固农村革命跟具体、充分发动广大群众、开展针对性的斗争策略奠定了基础。

调查研究是为了给政策制定和工作开展提供准确的现实材料，因而调查研究技术的科学性就显得极为关键。对此，毛泽东在《反对本本主义》一文中对调查研究方式的采用、调查研究对象的选择、调查研究范围的界定、调查研究纲目的制定等方面都作了细致的阐述③。为了获得第一手资料、保证资料的准确性，他还号召党员干部要亲身出马，鼓励党员干部自己做记录。为此，毛泽东在1941年3月所著的《〈农村调查〉的序言和跋》中再次强调：“用马克思主义的基本观点，以及阶级分析的方法，作几次周密的调查，乃是了解情况的最基本的方法”④。

正是将“向社会做调查”作为了解情况的唯一方法，以毛泽东为

①毛泽东选集:第1卷[M].北京:人民出版社,1991:115.

②中共中央文献研究室,中国井冈山干部学院.毛泽东中央革命根据地斗争时期调查文集[M].北京:中央文献出版社,2010:17-133.

③毛泽东选集:第1卷[M].北京:人民出版社,1991:116-118.

④毛泽东选集:第3卷[M].北京:人民出版社,1991:789.

代表的中国共产党人开展了大量扎实而又细致的调查研究工作，深入剖析了中国的基本国情，科学研判了中国革命所面临的具体形势，牢牢抓住了中国革命过程中矛盾的特殊性，最终取得了中国革命的胜利，也为毛泽东思想指导地位的确立奠定了现实的基础。

2. **内容上的理论斗争**

理论斗争是纠正理论错误、推进思想发展、弄清事情本质、明确工作方向的具体表现。因为理论是建立在具体实践的基础之上的，是对具体实践的总结并指导具体实践的进行，因而可以说，理论的正确与否直接反映着人们对事物真实情形的了解程度。毋庸讳言，由于这样或那样的原因，在革命斗争过程中，中国的革命曾出现过错误，这一方面体现了事物发展的曲折性规律，另一方面更彰显了以毛泽东为代表的中国共产党人勇于同错误的思想观念作斗争，坚持真理、坚持理论联系实际，走中国特色的社会主义道路的思想理念。毛泽东思想指导地位的确立过程也正是坚持同诸如机会主义、本本主义、经验主义、教条主义、投降主义、冒进主义等左或右的错误理论（思想）作斗争并取得最终胜利的过程。

在第一次国内革命战争时期，面对由于共产国际和陈独秀的“右倾”投降主义导致的大革命失败给党和革命造成的巨大损失，在1927年8月7日于湖北汉口召开的中共中央政治局会议（即史称“八七会议”）上，毛泽东尖锐地批判了陈独秀等人在农民、军事等方面的错误方针，提出了“以后要非常注意军事，须知政权是由枪杆子中取得的”[①]的重要思想，为党和革命的紧急关头指明了正确斗争的方向和道路。根据当时中国的特殊国情，毛泽东将这一思想付诸实践，积极组织发动秋收起义、开展土地革命和工农武装割据，在井冈山创建了中国共产党领导的第一块农村革命根据地。在此过程中，毛泽东先后撰写了《中国的红色政权为什么能够存在？》（1928年10月5日），《井冈山的斗争》（1928年11月25日），《关于纠正党内的错误思想》（1929年12月），《星星之火，可以燎原》（1930年1月5日），《反对本本主义》（1930年5月）等一系列重要论著，在科学地分析当时中

①毛泽东文集：第1卷[M]. 北京：人民出版社，1993：47.

国革命所面临的政治、经济、军事、土地等客观形势和状况的基础上，批判了当时革命中存在的绝对平均主义、主观主义、个人主义、经验主义等错误思想，引领中国共产党开始走上农村包围城市革命道路，开启了武装反抗国民党反动统治的第二次国内革命战争的序幕。如在1928年11月25日写给中共中央的报告（即《井冈山的斗争》）中，面对大革命失败后的白色恐怖，毛泽东提出了“工农武装割据”的思想，指出：“在四围白色政权的包围中间，产生一小块或若干小块的红色政权区域，在目前的世界上只有中国有这种事”①。

在第二次国内革命战争中，历经瞿秋白的盲动主义（1927年11月至1928年4月）、李立三的冒险主义（1930年6月至9月）、王明的教条主义（1931年1月至遵义会议前）等三次党内“左倾”错误思想，以及由此造成的“第五次反围剿”的失败和红军长征初期的严重失利，毛泽东痛陈“必须洗刷违心精神，防止一切机会主义盲动主义错误的出现，才能完成争取群众战胜敌人的任务”。②在《中国革命战争的战略问题》（1936年12月）著作中，毛泽东就系统总结了第二次国内革命战争的经验教训，并指出：“中国革命战争——不论是国内战争或民族战争，是在中国的特殊环境之内进行的，比较一般的战争，一般的革命战争，又有它特殊的情形和特殊的性质。因此，在一般战争和一般革命战争的规律之外，又有它的一些特殊的规律。如果不懂得这些，就不能在中国革命战争中打胜仗。”③在此基础上，毛泽东强调“我们固然应该尊重苏联的战争经验，……但是我们还应该尊重中国革命战争的经验，因为中国革命和中国红军又有许多特殊的情况”④。

正是出于对国情的尊重，对中国革命特殊性的准确把握，在1935年1月15日至17日于贵州遵义召开的中共中央政治局扩大会议上，毛泽东的军事战略思想得到了广大党员干部的认同，第一次在实际上确立了毛泽东思想尤其是军事战略战术思想在红军中的实际指导地位。

---

①毛泽东选集:第3卷[M].北京:人民出版社,1991:57.

②毛泽东选集:第1卷[M].北京:人民出版社,1991:112.

③毛泽东选集:第1卷[M].北京:人民出版社,1991:171.

④毛泽东选集:第1卷[M].北京:人民出版社,1991:172.

二、以民为本：毛泽东思想指导地位确立的根本动力

“全心全意为人民服务”是毛泽东民本思想的高度概括，是中国共产党在长期的革命斗争中所形成的根本宗旨，是以毛泽东为代表的共产党人将马克思主义关于事物发展的“主要矛盾”和“矛盾主要方面”基本理论在中国革命和建设时期的具体运用。1937年8月，毛泽东曾指出：“对于主要的矛盾和非主要的矛盾，主要的矛盾方面和非主要的矛盾方面的研究，成为革命政党正确地决定其政治上和军事上的战略战术方针的重要方法之一。”[①]民本思想正是以毛泽东为代表的共产党找到的解决中国革命和建设时期主要矛盾和矛盾的主要方面问题的科学方法，也正是贯穿整个中国革命和建设时期的民本思想的提出、形成与实施，使得以毛泽东为代表的共产党的集体智慧结晶——毛泽东思想得到了越来越多人民的拥护和支持，是有力推动毛泽东思想指导地位最终确立的根本动力。

1. **政策上的土地改革**

众所周知，自古以来，中国就是一个农业大国，农民一直是社会中最大的群体和阶级，农民问题和农村问题也历来是党和国家工作的重点，而土地是农民问题和农村问题的中心。在革命和建设时期，以毛泽东为代表的中国共产党人就牢牢抓住土地这一农民工作和农村工作的主要矛盾和矛盾的主要方面，维护农民的根本利益，广泛发动农民群众，开展革命斗争，获得了这一“中国无产阶级最广大和最忠实的同盟军”[②]的积极支持和广泛拥护。

如早在1925年12月1日，第一次国内革命战争时期，毛泽东就在深入调查研究的基础上，撰写了《中国社会各阶级的分析》，将农民细致划分为半自耕农、贫农、雇农加以区别对待，且将无土地的雇农称为紧要地位的“农村无产阶级”而与“工业无产阶级”并列。1927年3月，在《湖南农民运动考察报告》中，毛泽东再次强调了农民问题的重要性。在井冈山革命根据地时期，毛泽东更是突出了解决

①毛泽东选集：第1卷[M]. 北京：人民出版社，1991：326.

②毛泽东选集：第1卷[M]. 北京：人民出版社，1991：3.

土地问题对于发动农民群众，开展革命斗争的重要性。为此，1928年12月，在毛泽东的主持下制定和颁布实施了党的历史上第一个土地法——《井冈山土地法》，以法律的形式否定了封建的土地所有制，开展土地分配运动，使广大农民拥有了土地的“使用权”，反映了农民的迫切需求，极大地激励了农民的革命热情。1929年7月，毛泽东又在总结前期土地革命经验的基础上，指导制定了《土地问题决议案》，对没收和分配土地的具体政策作了新的规定，纠正了之前“没收一切土地”的错误为“没收一切地主的土地”。1931年2月27日，毛泽东又提出了赋予分田的农民以土地所有权，实现了“使广大农民在革命中取得他们唯一热望的土地所有权，才能强化他们对于土地革命和争取全国苏维埃政权胜利的热烈情绪”。

在此期间，在以毛泽东为代表的中国共产党人的领导下，除以上关于土地的政策外，随着包括中共六大《农民问题决议案》（1928年6月），《兴国土地法》（1929年4月），《土地问题与反富农策略》（1931年2月），《中华苏维埃共和国土地法》（1931年12月），《没收和分配土地条例》（1932年12月）等一系列关于土地革命的惠农政策的制定和实施，初步形成了“依靠贫农、雇农，联合中农，限制富农，保护中小工商业者，消灭地主阶级，变封建半封建的土地所有制为农民的土地所有制”的土地改革正确路线。抓住了当时中国革命的主要矛盾和矛盾的主要方面，集中代表和体现了根据地广大农民群众的根本利益。分得田地、翻身做主的广大农民群众的革命热情空前高涨，他们“将自己的前途命运与苏维埃政权的前途命运紧紧地联系在一起，倾其所有，全力支持革命，支持苏维埃政权。”[①]这也成为了毛泽东思想的重要组成，推动了毛泽东思想指导地位的确立。

2. 路线上的群众利益至上

“衣食住行”虽然是人们日常生活的基本层面，但却事关人们生活的质量和水平。是否能穿得暖、吃得饱、住得安、行得便是衡量人们生存与发展的基本指标，是人们在日常生活方面的基本需要，也是人们的切身利益在日常生活中的具体体现，正所谓“勿以恶小而为

①李小三. 中央革命根据地简史[M]. 南昌:江西人民出版社,2009:62.

之，勿以善小而不为”。对此，无论是在艰苦卓绝的革命年代还是在艰苦奋斗的建设时期，以毛泽东为代表的中国共产党人都严于律己，将关心群众生活，维护群众的切身利益作为一切工作的基本指针。

如在井冈山斗争时期，毛泽东就注重群众工作、关心群众的疾苦、严格群众纪律、维护群众的切身利益。1927年10月24日，毛泽东在井冈山的荆竹山雷打石召开大会，颁布了人民军队最早的群众纪律——“三大纪律”，要求“不拿老百姓一个红薯”。1928年1月25日，根据出现的新情况，毛泽东总结了前期群众工作的经验和问题，向军队宣布了新的群众纪律——“六项注意”，要求：“第一，还门板；第二，捆稻草；第三，说话和气；第四，买卖公平；第五，不拉伕，请来伕子要给钱；第六，不打人，不骂人。”[①]进一步细化了群众纪律，维护人民群众的利益。1928年4月3日，在“三大纪律”和“六项注意”的基础上，毛泽东首次完整颁布了由“行动听指挥”“不拿工人农民一点东西”“打土豪要归公”的“三大纪律”和“上门板”“捆稻草”“说话和气”“买卖公平”“借东西要还”“损坏东西要赔”的“六大纪律”组成的“三大纪律、六项注意”[②]，成为后来中国人民解放军“三大纪律、八项注意”优良传统的雏形。到中央苏区革命时期的1934年1月27日，毛泽东在专门撰写的系统阐述做好群众工作、维护群众切身利益的重要性和工作方法的《关心群众生活，注意工作方法》一文中，指出：解决群众的穿衣问题，吃饭问题，住房问题，柴米油盐问题，疾病卫生问题，婚姻问题。总之，一切群众的实际生活问题，都是我们应当注意的问题。假如我们对这些问题注意了，解决了，满足了群众的需要，我们就真正成了群众生活的组织者，群众就会真正围绕在我们的周围，热烈地拥护我们[③]。毛泽东告诫全体党员和全军指战员，只有重视广大群众的切身利益和群众的生活问题，才能得到群众的拥护，才能动员和依靠群众进行革命战争。

在长期的革命和建设过程中，以毛泽东为代表的共产党人正是细致入微地关心（了）广大人民群众的生活，切实维护和保障（了）广

①李小三．井冈山革命根据地和中央苏区大事纪实[M]．南昌：江西人民出版社，2006：19.

②李小三．井冈山革命根据地和中央苏区大事纪实[M]．南昌：江西人民出版社，2006：24.

③毛泽东选集：第1卷[M]．北京：人民出版社，1991：136-137.

大人民群众的切实利益，坚持和发展了“一切为了群众、一切相信群众、一切依靠群众，从群众中来、到群众中去”的群众路线，共产党领导的革命和建设才获得了广大人民的支持和信任，毛泽东思想也逐渐成为了全党和全国人民的共同信仰。

结语

虽然在具体环境和形势上，启蒙思想的广泛传播和毛泽东思想的成功实践相去甚远，在理论的具体内容和特质上也有着千差万别，但作为当今世界两大主要社会形态在其发展过程中确立和形成，并至今仍然是各自社会中的核心价值观念的基本组成，启蒙思想和毛泽东思想的认同历程对于我国当代的社会主义核心价值观认同具有重要的镜鉴价值，需要深入分析和全面考察。

第十章　探究:网络社会中社会主义核心价值观认同的策略

网络社会中社会主义核心价值观重在建设和落实,这就需要在充分考虑网络社会这一特定价值环境的基础上,统筹安排,恰当选择有效的认同策略。

毫无疑问,培育和践行社会主义核心价值观的最终目标是使其成为我国全体人民共同的价值追求。作为与现实社会相对依存和独立的一种社会形态,网络社会中的社会主义核心价值观认同,即是实现让社会主义核心价值观成为我国全体网民的价值共识。对此,无论是关于网络的社会化分析、社会主义核心价值观当代形态的阐述,还是关于社会主义核心价值观认同的理论释义、目标界定,以及对社会主义核心价值观认同的现状审视、国内外典型社会核心价值认同的历史考察,其最终目的都是为了探究在网络社会中实现我国全体网民对社会主义核心价值观高度认同的有效策略提供理论的准备和实践镜鉴。

综合以上分析,实现在网络社会中的社会主义核心价值观认同是一项具有重大意义和极其复杂的工程,需要在坚持以人为本的基础上,既要展望未来,又要立足现实;既要有整体的规划,又要从细节处着手,注重过程和目的的统一、效率与效果的兼顾。

一言以蔽之,就是要凸显宏观战略和具体措施的协同,推动网络社会中社会主义核心价值观认同的全面、协调和可持续性。正如习近平总书记指出的:理直气壮唱响网上主旋律。互联网的迅猛发展,以惊人的深度和广度影响着经济社会生活,深刻改变着舆论生成方式和传播方式,改变着媒体格局和舆论生态。要把网上舆论工作作为重中之重来抓,善于运用网络传播规律,改进创新网上宣传,发展健康向上的网络文化，形成网上正面舆论强势。大力推进传统媒体和新兴媒体融合发展，增强主流媒体的传播力、公信力、影响力和舆论引导能力。加强网络社会管理，加强网络新技术新应用的管理，推进网络依法有序规范运行，确保互联网可管可控，使我们的网络空间清朗起来[①]。

第一节 规划：网络社会中社会主义核心价值观认同的战略

“战略”（Strategy）一词的范畴来源于“战”字，因此本意属于军事范畴，在中国古汉语中“略”有“经营、治理，谋划、主张，大体、简要”[②]等意，如在《左转·宣公十一年》中“议远迩，略基址”[③]的“略”即为治理、经营之意；在《左转·定公四年》中“吾子欲复文、武之略,而不正其德,将如之何”[④]中的“略”就是“谋划、主张”的意思；而在《荀子·非相》“传者久则论略，近则论详。略则举大，详则举小”[⑤]中的“略”则是大体、简要之意。“战略”本意为军事上的长远规划，强调全局性、长远性、计划性和目的性。简言之，战略就是站在立意高远、高瞻远瞩的视角，对未来所期望达到的理想状态进行的合理规划。

对此，作为当代中国社会主义主流意识形态建设的本质要求和社会主义核心价值观培育和践行的筑基工程——网络社会中实现社会主义核心价值观认同这一重大命题，无论从其本质的属性还是就其具体的目标而言，都要求有一个积极的战略定位，以保障我国全体人民对社会主义核心价值观认同的实效。正如习近平总书记指出的：我们要从巩固全党全国各族人民团结奋斗的共同思想基础、巩固党的执政地位的战略高度，持续加强社会主义核心价值体系建设，把培育和弘扬

①中共中央宣传部. 习近平总书记系列重要讲话读本[M]. 北京：学习出版社、人民出版社，2014：98-99.

②古代汉语词典编写组. 古代汉语词典[M]. 北京：商务印书馆，2002：1021.

③杨伯峻. 春秋左传注[M]. 北京：中华书局，1990：712.

④杨伯峻. 春秋左传注[M]. 北京：中华书局，1990：1542.

⑤北京大学《荀子》注释组. 荀子新注[M]. 北京：中华书局，1979：58-59.

社会主义核心价值观作为凝魂聚气、强基固本的基础工程，作为一项根本任务，切实抓紧抓好①。

而事物的发展和变化总是在一定的过程中完成的。这里，“过程”是指：事情进行或事物发展所经过的程序，主要有两方面的指标：其一，过程是一个时间维度上的范畴；其二，过程是一个方向维度上的范畴。前者较为简单，一般是指衡量的标准是长或短；后者较为复杂，因为方向具有多向度性，上下、左右、前后等等，而在事物变化和发展的意义上，方向的关键在于维持其稳定趋向的问题，其标准是强或者弱。

这两大指标具体到网络社会中社会主义核心价值观认同的过程时，坚持持久与持续相协同的战略就成为实现网络社会中我国全体网民高度认同社会主义核心价值观的必然要求。

一、时间维度上持久性的认同战略

网络社会中社会主义核心价值观认同突出地表现在网络社会这一特定的价值环境中的认同，即在网络社会中社会主义核心价值观认同这一命题中，社会主义核心价值观是在“网络社会”中作用的社会主义核心价值观，认同是“网络社会”的主体对社会主义核心价值观的认同。而网络社会是一个“日新月异”的变化和发展的过程。这决定了在网络社会这一价值环境中社会主义核心价值观的认同也有一个应对“日新月异”的变化和发展的过程。

网络社会的日新月异源于网络相关技术的更新换代及其同步的应用。当前，网络相关技术的更新换代日益加快，各种新材料、新手段、新方式层出不穷。这些新技术即时而广泛的应用带来了包括网络社会价值观主体、网络社会价值观内容等网络社会价值环境的高速发展，从而也必然带来网络社会中社会主义核心价值观认同的长期性。

第一，网络社会价值主体的变化和发展。总体而言，网络社会价值观主体（即网民）的变化和发展主要表现为网民规模的高速增长。网络相关技术的高速进步带来了网民参与网络的形式多样化，连接入网变得越来越便捷和容易，在绝对数量上使网民规模得到了大幅度增

①中共中央宣传部．习近平总书记系列重要讲话读本[M]．北京：学习出版社、人民出版社，2014：94.

长。以人们连接入网的硬件设备——计算机终端技术为例，早在1965年4月19日，电子计算机刚刚进入小型机的阶段，世界头号CPU生产厂商——美国Intel公司的创始人之一戈登·摩尔（Gordon Moore，1929—）就在其提出的著名的“摩尔定律”①中阐述了计算机技术更新换代的高速变化和发展性。自那以后，人们连接入网的硬件设备就由最初以“吨”计的巨型计算机（Supercomputer）迅速向以“公斤”计的个人计算机（Personal Computer）、以“斤”计的便携式计算机（Notebook Computer），再向以“克”计的各种微型移动智能上网客户端高速演进。这种由大到小的变化和发展为网络社会价值观主体规模的高速增长奠定了基础。同时，网络信息技术由固定的有线连接方式到移动的无线连接方式的革新，蜂窝无线连接技术、Wireless-Fidelity（即wi-fi，中文译为无线保真技术）连接技术的普及，联网变得可以随时随地，“网络无处不在，网络无人不有”成为现实。如以我国手机（移动互联网）用户规模的变化和发展为例，据中国互联网络信息中心统计，自2010年以来我国手机网民的数量每年都以数千万规模在高速增长（见表10－1，2014年首次超越了传统PC机网民的增长速度）。在笔者所进行的《网络社会中社会主义核心价值观认同的调查》中，所有2 613个有效样本更是全部使用手机联网。

表10－1 2010—2014年中国手机网民规模及所占网民比例②

序号	统计时间	手机网民的数量(单位:万人)	所占网民的比例
1	2010.6	27 678	83.4%
2	2011.6	31 768	78.5%
3	2012.6	38 825	72.2%
4	2013.6	46 376	65.5%
5	2014.6	52 705	65.9%

①“摩尔定律”的最早提出一说是英特尔公司创始人之一戈登•摩尔提出的，一说是美国加州理工学院的卡沃•米德(Carver Mead)提出，定律的主要意思是指计算机的关键部件微芯片上集成的晶体管数目每隔一段时间(多数情况下为18个月)就会翻一番，而相应的价格会减少一半。这一定律后来在实际的情况中得到验证，参见：(美)安德森．免费：商业的未来[M]．蒋旭峰，冯斌，璩静，译．北京：中信出版社，2009:87-95.(英文书名：Free:The Future of a Radical Price)

②根据中国互联网络信息中心2014年8月发布的《中国移动互联网调查研究报告》整理。

网民规模在绝对数量上的大幅度增长一方面体现了网络社会巨大的发展潜力和应用价值，另一方面也必然带来网络社会价值观主体方面的变化和发展，从而影响到网络社会中我国全体网民对社会主义核心价值观认同的过程性。

第二，网络社会价值观内容的发展和变化。网络相关技术的高速进步同样带来了网络社会中价值观内容的巨大变化，尤其是网络社会中价值观内容体量上的海量增加。具体而言，主要表现在以下五方面：一是由于网络传输速度的提高带来的网络社会价值观内容的增多。网络相关技术的进步推动了网络信息传输速度的巨大提高。如比起最初分组交换时期阿帕网的几 kb/s 速率，到 20 世纪 90 年代以异步传输模式为代表的以太网速率已经达到 Gb/s 的规模以上。从拨号上网到信息高速公路，网络信息整体传输速度呈几何级的增长。这一速度的提高必然带来了相同时间内网络社会价值观内容的增多。二是网络呈现方式的多样带来的网络社会价值观内容的增多。网络相关技术的进步促进了网络呈现方式的多样化，如从早期简单的文字描述，到图片展示、视频播放，再到当前的多媒体、数字化综合呈现方式，使相同的内容具备了更加形象逼真的呈现效果。这同样推动网络社会价值观内容的日益丰富。三是网络存储设备的革新带来的网络社会价值观内容的增多。网络相关技术的进步催生了网络存储设备的革新。仅就可移动存储设备而言，从广为人们所熟知的容量仅为 1.2MB、1.44MB 的软盘到容纳数 G 内容的 U 盘，从容量为数百 MB、数 G 的光盘到容纳数百 G、数 TB 内容的移动硬盘，容量越来越大，但体积越来越小的可移动存储设备带来了网络社会价值观内容的增长。四是网络信息输入方式的变化带来的网络社会价值观内容的增长。网络相关技术的进步带动了网络信息输入方式的创新，从最早的键盘、鼠标，到手写输入、语音输入，以及数字化摄像输入等促进了相同时间、相同网络社会价值观主体在信息输入总量上的增加，这也带动了网络社会价值观内容的增长。五是网络主体规模的扩大带来的网络社会价值观内容的扩充。一方面，网络相关技术的进步在扩大了绝对数量上网络主体规模的同时，也扩充了网络社会价值观的内容，价值观内容总是附着于价值观主体之上的；另一方面网络相关技术的进步延长了网络社会价值观主体的在线时间。如前所述，无论是连接入网的便捷还是网络信息传输速度的提高都促使网络社会价值观主体参与网络的时间相对延长。这使得在单位时间内，网络社会价值观主体对于网络社会的作用得以增强，网络社会价值观内容也相对增长。如据中国互联网络信息中心公布的《中国互联网络发展状况统计报告》显示，我国网民人均上网时间一直以较高的速度增长（见表10－2）。

表10－2　2010—2014年中国人均上网时间①

序号	日期(年/月)	人均周上网时间(小时)
1	2010.6	18.3
2	2011.6	18.7
3	2012.6	19.9
4	2013.6	21.7
5	2014.6	25.9

在笔者所进行的《网络社会中社会主义核心价值观认同的调查》中，所有2 613个有效样本的人均日上网时间为4～6小时。

同样，网络社会价值观内容在总体量上的发展和变化也必然影响到网络社会中网民对社会主义核心价值观认同的过程性。

正是以上网络社会价值观主体和网络社会价值观内容的发展变化，昭示了在网络社会中实现我国全体网民高度认同社会主义核心价值观是一个持久的建设过程。因此，网络社会中的社会主义核心价值观认同必须坚持持久认同的战略。

二、方向维度上持续性的认同战略

网络社会中社会主义核心价值观认同具有明确的方向性，这是由社会主义核心价值观的根本属性决定的。这就决定了在网络社会中的社会主义核心价值观认同必须坚持持续性的认同战略。即网络社会实现社会主义核心价值观认同不仅是一个长期的持久过程，而且是一个

①根据中国互联网络信息中心发布的《第27—34次中国互联网络发展状况统计报告》整理。

需要长期持续的积极推动的过程。

社会主义核心价值观是契合当代中国广大人民根本利益需求的，是社会主义主流意识形态在当代中国的本质体现。这决定了社会主义核心价值观一方面具有中国特色的根本属性，是我们党和国家在对中华民族五千年传统文化精髓的继承与创新，对世界各国文明精粹的汲取与改造的过程中所形成的核心价值观念体系；另一方面又表明了其社会主义的根本属性，无论是继承与创新，还是汲取与改造，都要立足于满足我国广大人民群众的根本利益的基础之上。正是这两方面的根本属性的统一，在决定了网络社会中社会主义核心价值观认同的长期过程性的同时，又决定了这一认同具有明确的价值取向，即认同的是"中国特色的、社会主义的"核心价值观。

具体而言，第一，社会主义核心价值观是对中国传统文化精髓的继承和创新，是一个高度凝炼和不断发展的过程。社会主义核心价值观深深植根于中国五千年优秀传统文化的土壤之中，是对中华民族生生不息的民族精神和勇于开拓的创新精神在当代中国的传承。这就为社会主义核心价值观打上了深深的中国特色的民族烙印。即相对于中国传统文化的精髓而言，社会主义核心价值观是一个古为今用、推陈出新的发展和创新过程。正如习近平总书记所指出的："中华文明绵延数千年，尤其是独特的价值体系。中华优秀传统文化已经成为中华民族的基因，植根在中国人的内心，潜移默化影响着中国人的思想方式和行为方式"①。第二，社会主义核心价值观是对世界各国文明精粹的汲取与改造的过程。在中华民族五千年历史长河中，秉承和平、友好、互助合作的价值理念和勇于开拓的精神，对外交往持续不断，文化交流源远流长。在此过程中，不断汲取和吸收世界各国文明的精粹，博采众长、海纳百川，极大地丰富了我国传统文化的内容和形式，为社会主义核心价值观的凝炼提供了丰富的养分。正如习近平总书记所强调的："中华民族是一个兼容并蓄、海纳百川的民族，在漫长的历史进程中，不断学习他人的好东西，把他人的好东西化为我们

①中共中央宣传部．习近平总书记系列重要讲话读本[M]．北京：学习出版社、人民出版社，2014：96.

自己的东西，这才形成了我们的民族特色。文明因交流而多彩，文化因互鉴而丰富，对各国人民创造的优秀文明成果，我们当然要学习，而且要认真学习借鉴，在不断汲取各种文明养分中丰富和发展中华文化”[①]。

综上所述，网络社会中社会主义核心价值观的认同内容就是在网络社会中实现对中华民族五千年历史文化传统中的精髓部分和世界各国文明的精粹部分的认同。这里，所认同的既不是对中华民族五千年历史中所有文化传统的认同，因为其中既有精髓，也有糟粕；也不是对其他国家文化传统的认同，因为其中有契合当代中国特色具体国情的，也有与之相背离。而是对中华民族五千年历史文化传统以及世界各国文明中，反映当代中国最广大人民根本利益，体现当代中国国家富强、社会和谐、人民幸福的要求，实现中华民族伟大复兴目标的那一部分的认同，因而具有明确的目的取向。网络社会中社会主义核心价值观的认同必须是在这一方向上持续的强化认同，确保不偏离、不走回头路。

另外，就网络社会中社会主义核心价值观认同这一命题中“网络社会”“社会主义核心价值观”“认同”这三大关键词而言，都有一个变化和发展的过程。如网络社会的“日新月异”，社会主义核心价值观的“丰富完善”，认同的“循序渐进”等，但网络社会的“日新月异”有利于促进社会主义核心价值观认同意义上的“日新月异”，社会主义核心价值观的“丰富完善”是对所认同的社会主义核心价值观的发展意义上的“丰富完善”，认同的“循序渐进”是不断向前的“循序渐进”。这些都要求在网络社会中实现社会主义核心价值观认同不仅仅是持久的建设过程，而且应是在此基础上持续强化的建设过程。两者之间的区别是，持久性关注的是时间的长短，持续性关注的是维持该时间的力量的强弱，两者统一于网络社会中社会主义核心价值观的认同过程。

据此，网络社会中社会主义核心价值观认同的过程性决定了其必

①中共中央宣传部．习近平总书记系列重要讲话读本[M]．北京：学习出版社、人民出版社，2014：101-102.

须高瞻远瞩，坚持持久与持续相协同的认同战略。

第二节　统筹：网络社会中社会主义核心价值观认同的路径

网络社会中社会主义核心价值观认同是一个完整的过程，在这一过程中，影响认同效果的因素复杂，涉及的环节众多。这要求在网络社会中实现我国全体网民对社会主义核心价值观的认同不仅应坚持宏观的长期认同战略，同时应着眼细节，在具体路径的合理选择和全面贯彻上下工夫。要紧扣网络社会这一特定的价值环境，统筹安排各项建设措施。而在此认同过程中，表征吸引、情感内化是其两大关键环节和有效路径。具体而言，表征吸引是实现网络社会中社会主义核心价值观认同的基础环节和激发路径，决定着我国全体网民对社会主义核心价值观认同的可能前提，体现了社会主义核心价值观在网络社会中的表现力；情感内化是实现网络社会中社会主义核心价值观认同的强化环节和融入路径，决定着我国全体网民对社会主义核心价值观认同的内在程度，体现着社会主义核心价值观在网络社会中的凝聚力。两者紧密衔接、相互作用，共同推动网络社会中社会主义核心价值观的认同。

一、营造外显舆论氛围，以增进网络社会中社会主义核心价值观认同的表征吸引力

表征吸引力是指事物表现出来的能否激发人们的注意兴趣、引起并吸引人们关注的外在整体形象和特征，这是人们认识事物的前提条件。在网络社会实现社会主义核心价值观认同的过程中，社会主义核心价值观是否能表现出强烈的表征吸引力至关重要。一方面，网络社会中，社会主义核心价值观认同在主体上的目标是我国全体网民，即要实现我国全体网民对社会主义核心价值观的认同，而不是某一群体网民或某一部分网民，是在全体网民中形成对社会主义核心价值观共识基础上的认同；另一方面，在信息内容的选择上，与现实社会主要

采取自上而下的系统培养（如学校教育，受教育者对信息内容主要是被动地接受，具有一定的强制性）不同，在相对虚拟的网络社会中，网民主要从自己所需要的或感兴趣的角度出发搜索选择信息内容，具有较大的自主选择权。在网络社会中，社会主义核心价值观也是以信息的形式存在的。因此，网络社会中社会主义核心价值观认同要想在我国全体网民中实现，在具体路径上就必须充分彰显社会主义核心价值观的外在信息表现力，以尽可能地吸引我国广大网民的关注。

这一点在心理学或社会心理学的认知理论中称之为“注意”，意指“心理活动对一定事物的指向和集中”[①]。并且在人们认识客观事物的过程中，注意被当成是心理活动的“警卫和门户”，外界的所有信息都必须通过它的选择才能进行深加工。这一理论认为人在同一时间内不能感知所有客观事物。因此，人们在认识客观事物的过程中需要集中注意力，这就是所谓的“一心一意”和“三心二意”的区别。在人们认识事物的初期，在众多客观事物中，影响注意力指向对象和集中程度的一个重要因素就是包含“刺激强度、刺激的新颖性、刺激物的变动和刺激的对比”[②]等在内的某一客观事物特点的外在吸引力。

据此，在各种社会思想泛滥、各种价值观念涌动的网络社会中，增进社会主义核心价值观认同的表征吸引力就成为推动形成价值共识，实现我国全体网民认同社会主义核心价值观必然的基础。而营造网络社会中社会主义核心价值观的舆论氛围是其中极其重要的路径选择。

“舆论”是一种公开的群体力量，在社会生产和人们的生活中具有巨大的导向作用，有利于营造广泛关注的氛围。早在我国汉代，著名史学家司马迁在其所著的中国历史上第一部纪传体通史——《史记》中就曾用“众口铄金，积毁销骨”来形容舆论的巨大作用了，卢梭在其著作《社会契约论》（法文原名：Du Contrat Social，又译《民约论》，或称政治权利原理）中说过：“在全世界一切民族中间，决定

①郑雪．心理学[M]．北京：高等教育出版社，2006：91.

②卢家楣，魏庆安，李其维．心理学：基础理论及其教育应用[M]．上海：上海教育出版社，1998：235－236.

他们的爱憎取舍的绝不是天性，而是意见”①，这里的“意见”，在卢梭看来就是“公众舆论”导向力量的表现。

对此，网络社会的相对虚拟性特征使网络舆论的导向力量更为巨大和显著。其一，相对虚拟性使网络社会相比较现实社会，舆论的作用范围更加广泛。网络社会的相对虚拟性造就了其相对的超空间性。这里的相对超空间性是指网民连接入网、检索查阅信息不受地域的限制而随处可行。可以说，无论是“远在天边”，还是“近在眼前”，只要是网络覆盖的地方，对于网络中存在的信息，网民都做到足不出户而了解天下事。而在现实社会中，人们获取信息则受制于地域的限制，正所谓“耳听为虚、眼见为实”。其二，相对虚拟性使网络社会相比较现实社会中，舆论作用的速度更加迅捷。网络社会的相对虚拟性同时也造就了其相对的超时间性。这里的相对超时间性一方面是指网络的全时间覆盖使网民连接入网、检索查阅信息不受时间的约束而随时可行；另一方面是指各种信息在网络社会中的传递不受时间的限制而做到即时呈现，现场直播、同步传送、所得即所见是网络社会中信息传递的重要特征。这相比较现实社会，主要依靠滞后、延迟的纸质媒介传递方式，信息作用的速度显然不可同日而语。再加上网络社会中网民规模的不断扩大，网络社会中舆论的作用正日渐彰显出无与伦比的影响力。

对此，社会主义核心价值观是科学的理论体系，是马克思主义价值理论在当代中国社会主义现代化建设时期的具体化已毋庸置疑，但要在网络社会中实现我国全体网民对其高度认同，必须在网络社会中营造契合网络社会信息特征的社会主义核心价值观的外显舆论氛围，激发网民对社会主义核心价值观注意的指向和集中，以充分彰显社会主义核心价值观在网络社会中的吸引力。具体而言，主要包括：

第一，建立网络社会中社会主义核心价值观的正面宣传阵地。

舆论的导向力量是具有两面性的，一方面，当舆论是正确的、科学的，反映客观事物真实表征时，舆论的导向力量就是正面的、积极的，对于人们认识客观事物具有巨大的引导和推动作用，有利于坚定人们的信心和信念；另一方面，当舆论是错误的、荒谬的谎言，是对

①卢梭. 社会契约论[M]. 3版. 何兆武，译. 北京：商务印书馆，2003：164.

客观事物真实表征的掩盖，甚至故意掩饰时，舆论的导向力量表现为负面的、消极的，对人们认识客观事物具有巨大的误导和阻碍作用，造成人们的恐慌和误解。正所谓“好事不出门恶事行千里”。无论是正面的引导作用还是负面的误导作用，都体现了舆论引发广泛关注的巨大力量。如商鞅变法中“搬木赏金”的故事，现实社会中的“新闻发布会”，网络社会中的“水军”现象等都是舆论导向力量的具体展现。

当前，网络社会中充斥着片面追求经济利益而故意使用“生僻、错用、惊悚、稀奇古怪”的语言以博取“关注”、吸引“眼球”的现象。如由互动百科联合人民网舆情监测室、语文出版社、腾讯微博共同举办的，以网络投票、专家选取等方式统计的“年度十大网络热词”（见表10－3）就深刻地反映了这一现象。

表10－3　2010—2013 年度十大网络热词

年度	十大网络热词
2010	微薄、上海世博会、给力、呜呜组啦、维基解密、西毕生、足囚协会、涨时代、炫父、3Q战争
2011	HOLD住、乔布斯、高铁、地沟油、校车、郭美美、伤不起、PM2.5、谣盐、占领华尔街
2012	正能量、十八大、莫言、钓鱼岛、舌尖上的中国、辽宁号航母、江南style、你幸福吗、屌丝、2012
2013	中国梦、中国大妈、单独二孩、斯诺登、比特币、嫦娥三号、房姐、土豪、雾霾、大黄鸭

虽然这些热搜词并不能说就是网络社会的全面现象，甚至不能说是网络社会中网民注意力的主导方向。但毫无疑问，一方面，网络热搜词在很大程度上反映了网民的关注热点。如近些年来，“豆你玩”“蒜你狠”“腐不起”“药你苦”“玉米疯”“苹什么”“糖高宗”“姜一军”等网络高频词在网络中的流行。另一方面，这些高频词语背后所包含的事情被高度关注，也就意味着消极的网络舆论氛围的存在。

因此，必须构建网络社会中社会主义核心价值观的正面宣传阵地。首先，建立先进人物典型事迹宣传阵地，以营造争先进、创优秀的网络现实舆论氛围；其次，建立古今优秀文化作品宣传阵地，以营造讲正气、树新风的网络文化舆论氛围；最后，建立网络语言使用规范宣传阵地，以营造居主导、占优势的网络话语舆论氛围。通过典型、优秀、规范的网络舆论氛围，形成社会主义核心价值观的网络舆论热点，以增强社会主义核心价值观的吸引力，激发我国全体网民对社会主义核心价值观的关注度，打造传播正能量的净化的网络社会环境，为认同社会主义核心价值观提供强大的外在网络舆论导向力。

第二，建立网络社会中社会主义核心价值观的相对比较平台。舆论的导向力量具有强弱之分。而网络社会中的社会主义核心价值观认同是要形成我国全体网民对社会主义核心价值观的高度认同。这就要求营造的外显舆论氛围应具备清晰的辨识度，以更加有效地增进网络社会中社会主义核心价值观认同的表征吸引力。

而当前，为提高点击率和浏览量，网络社会在信息的报道方面存在“常报忧，少报喜”“多报忧，少报喜”现象。如在笔者以百度（http://news.baidu.com/）、网易（http://news.163.com/）、腾讯（http://news.qq.com/）三大网站的国内新闻版块为调查对象，以1天、连续3天、连续7天，每天以晚上20:00为随机调查时间节点，调查网络新闻报道的状况时就发现（见表10－4、10－5、10－6）。

表10－4　1天三大网站网络新闻报道的状况

网站名称	新闻总条数	涉及违法、违纪、违规、违德的新闻条数	所占比例
百度新闻	997	138	13.84%
腾讯新闻	501	156	31.14%
网易新闻	153	59	38.56%

表10－5　3天三大网站网络新闻报道的状况

网站名称	新闻总条数	涉及违法、违纪、违规、违德的新闻条数	所占比例
百度新闻	2 989	432	14.45%
腾讯新闻	1 496	425	28.41%
网易新闻	455	154	33.85%

表10－6　7天三大网站网络新闻报道的状况

网站名称	新闻总条数	涉及违法、违纪、违规、违德的新闻条数	所占比例
百度新闻	6 971	967	13.87%
腾讯新闻	3 803	1 087	28.58%
网易新闻	1 057	391	36.99%

显然，这些数据（这里需要特别指出的是，我们并非是说网络中不能报道那些违法乱纪的现象。这一问题在下面会详细阐述）并不能代表网络社会的全部，也不能说网络信息普遍存在问题。但一个显而易见的事实是，这些数据反映了存在的问题。可以试想，当一个网站的任何一个网页被打开，里面都有一个或多个这样的内容，就必然引起人们的首要关注。如此，一个不良的网络舆论氛围就开始产生了。其结果必然是混淆了视听，产生本末倒置的影响。

因此，建立网络社会中社会主义核心价值观的相对比较平台，以“对比”体现差异和变化，彰显对与错、好与坏、高与低，有利于展示社会主义核心价值观的优越性，增强社会主义核心价值观的吸引力。具体而言，一要建立网络社会中不同价值观之间的横向对比平台，以体现优与劣之间的差异；二要建立同一价值观前与后的纵向对比平台，以突出价值观发展过程中的变化。

二、构建接受保障机制，以提高网络社会中社会主义核心价值观认同的情感内化力

营造外显的网络舆论氛围，有利于增进社会主义核心价值观在网络社会中的吸引力，这是为了在一个更为广泛的范畴内推动对社会主义核心价值观的普及化认识，从而形成共识意义上的社会主义核心价值观。因为只有形成社会主义核心价值观的共识，才有可能实现我国全体网民对社会主义核心价值观的认同。在此意义上，网络社会中的社会主义核心价值观认同的最终形态是在我国全体网民对社会主义核心价值观接受的基础上形成的深厚的共同情感，以及以情感为维系和保障的共同行为。简而言之，一要形成对社会主义核心价值观的信

仰，强调践行性；二要形成对社会主义核心价值观的共同性，强调认同的主体是我国全体网民。这两点是衡量网络社会中社会主义核心价值观认同实现程度的关键指标。因而在推动认同的具体路径上必须紧紧围绕这两点展开，即构建网络社会中社会主义核心价值观的共同信仰力。

另外，从当前的研究成果看，学界对于如何评价和衡量社会主义核心价值观认同的最终形态观点不一。综合起来，主要观点有：自觉自发说、服从同化说、统一同一说等，这些探讨和探索为实现社会主义核心价值观认同提供了丰富的方法借鉴。而对于出现观点不一的原因分析，其主要是由于视角的不同和研究者学科背景的差异。其实，就认同本身的要求而言，网络社会中社会主义核心价值观认同的关键在于形成我国全体网民对社会主义核心价值观的信仰。这是因为，其一，马克思主义本身就是一种科学的信仰体系。马克思主义是科学的世界观和方法论，是人们认识客观事物科学的思想武器，也是我们党和国家的指导思想源泉。作为马克思主义价值理论中国化的社会主义核心价值观就是当代中国的马克思主义价值信仰。其二，信仰内在地蕴含着在情感和行为上的自觉和自发、服从与同化、统一与同一等。因为信仰既是一种坚持的情感，包含着自觉和自发、服从与同化、统一与同一；又是一种强大的行为动力，体现着自觉和自发、服从与同化、统一与同一。

因此，在网络社会中的社会主义核心价值观认同，在具体路径的设计和选择上的一个关键就是为了促进我国全体网民接受社会主义核心价值观作为自身的内在信仰。

第一，构建网络社会中社会主义核心价值观认同的信任接受机制。

这里的接受是指在深刻认知的基础上所形成的情感，是接受社会主义核心价值观为自身主导价值观的选择。其基础是形成对社会主义核心价值观的信任感。对此，突出事件和事物发展变化的来龙去脉是我国全体网民信任接受社会主义核心价值观的基本前提。怀疑、疑虑不可能形成信仰。而当前网络社会中充斥着“不信任感”。这里并不是说网络社会中不能呈现这些问题，也不是说网络社会中的信息只能是整齐划一的好消息、好新闻、好的价值理念。这既违背了网络社会信息共享的基本存在意义，也不符合社会主义核心价值观的包容、尊重差异的理论和现实品质。而一味的围堵、限制、禁止也不可能实现对社会主义核心价值观的自觉认同。这里需要注意的是，信息应是完整的，要能使网民明白事件和事物发展变化的来龙去脉，要能在法律所容许的范围内，最大限度地还原事件和事物发展变化的真相，使广大人民群众在看得到的基础上，能看得懂、信得过。如此才能言之有据、言之成理，也才能获得人们的信任。“断章取义”“只有过程没有结果”“只有结果没有过程”等信息不仅不能使人们相信，反而会增加人们的怀疑，起到适得其反的效果。

以政府信息公开为例，当前，网络已经成为了我国政府信息公开的重要途径和人们了解国家发展、社会进步的主要资讯平台。但只有数据、没有具体计算依据，或牵强附会、含糊其辞的问题仍较为普遍。

因此，在实现网络社会中社会主义核心价值观认同的信任接受上，一要建立网络社会信息反馈机制，以及时的过程性信息反馈消除人们对结果的质疑；二要建立网络社会信息跟踪机制，以及时的结果性信息消除人们对过程的疑虑。两者相互补充，培育网络社会中社会主义核心价值观的信任感。

第二，构建网络社会中社会主义核心价值观认同的信心保障机制。

如前所述，在价值环境复杂的网络社会中实现社会主义核心价值观认同是一个长期的过程，因而在具体路径上，构建有针对性的网络社会信心保障机制是不断推动和持续维系社会主义核心价值观认同的必然要求。信心是对理想的坚定信念，在作用上，信心是内在深刻情感和外在行为驱动的统一。社会主义核心价值观内在蕴含了我国在社会主义初级阶段的当代建设国家富强、社会和谐、人民幸福的社会主义现代化事业的伟大理想。因此，我国全体网民树立对社会主义核心价值观的信心，本质上就是坚定网络社会中的社会主义核心价值观的认同。

对此，在实现网络社会中社会主义核心价值观认同的信心保障上，其一，应建立广泛而有针对性的利益关怀机制，促进网民树立对社会主义核心价值观的信心。在马克思主义理论中，价值本质上就是一种满足与被满足的关系，据此网络社会中社会主义核心价值观的认同也即是社会主义核心价值观所包含的具体内容要满足我国全体网民根本利益的需求。因此，在深入分析网络社会不同群体利益诉求差异的基础上，应建立广泛而有针对性的利益关怀机制，使我国全体网民深刻地感受到社会主义核心价值观对其根本利益的满足，以增强网民对社会主义核心价值观的信心。其二，建立专业的保障机制，促进网民树立对社会主义核心价值观的信心。作为社会主义核心价值观认同的环境因素，网络社会是一个建立在专业技术基础上的社会形态。因此，无论是对这一特定社会形态的维护、维持，还是在这一特定社会形态中的社会主义核心价值观的形成、传播、作用等方面，都需要有专业而专门的保障机制。对此，建立专门的政府管理、专业的监督、规范、维护队伍，形成政府主导、社会监督、民众参与、法律规范等一体化维系保障机制，把社会主义核心价值观体现到网络社会中的制度设计、政策法规制定和社会管理之中，及时解决其中存在的问题，构建稳定、和谐、公平、正义的网络社会环境，有利于树立我国全体网民对网络社会中社会主义核心价值观的坚定信心。

结语

我们建议从宏观战略和具体路径上，推动实现网络社会中的社会主义核心价值观认同主要是以网络社会、社会主义核心价值观、认同这三大关键词所蕴含的内容为依据，整书的内容结构也是以这三大关键词为主线来展开。当然，正如文中多次提到的，网络社会中社会主义核心价值观认同是一个复杂的过程，这里，宏观战略和具体路径只是就研究内容而提出的具体建议，而不是说仅仅依靠这两点就可以完全实现网络社会中的社会主义核心价值观认同。实现网络社会中社会主义核心价值观认同应该在科学思想的指导下，统筹安排、全方位考量各项措施。

附　网络社会中社会主义核心价值观认同的调查问卷

您好！

为了深入了解当前我国网民对社会主义核心价值观认同状况，特开展此次调研活动，诚望您百忙之中抽出几分钟时间如实填写我们的调查问卷。谢谢您的合作！

一、您的基本情况

1. 性别：A. 男　　B. 女
2. 年龄：A.19 岁及以下　　B.20－29 岁　　C.30－39 岁　　D.40－49 岁　　E.50 岁及以上
3. 学历：A. 大学本科以上　　B. 高中及以上，本科以下　　C. 初中及以下
4. 职业：A. 教师　B. 学生　C. 公务员　D. 工人　E. 农民　F. 其他
5. 政治面貌：A. 中共党员　　B. 共青团员　　C. 民主党派　　D. 无党派人士　　E. 其他

二、社会主义核心价值观研究

1. 您平均每天用于上网的时间？
   A.1 小时以下　B.1—3 小时　C.4—6 小时　D.6 小时以上　E. 从不上网
2. 用您印象最深刻地一个词语来形容网络
   A. 匿名　B. 虚拟　C. 台式电脑　D. 其他（请注明）____
3. 您常用的网络搜索引擎是？（可多选）
   A. 百度搜索　　B.360 搜索　　C. 搜狐搜狗搜索

D.网易有道搜索　E.腾讯搜搜搜索　F.其他

4.您在搜索引擎中检索信息时一般会浏览的网页数量？

A.至第一页放弃　B.至前三页放弃　C.至前五页放弃

D.至前十页放弃　E.一直检索下去　F.其他

5.同等情况下，您感到可信的网络信息展示形式是？

A.文字描述　B.图片展示

C.视频播放　D.其他（请注明）____

6.您上网的主要行为是？（可多选）

A.获取信息　B.商务交易　C.娱乐

D.社交　E.其他（请注明）____

7.您最感兴趣的网站类型是？（可多选）

A.娱乐类　B.政府类　C.商业类

D.教育类　E.其他（请注明）____

8.您认为网络给您的生活带来了

A.便利　B.混乱　C.其他（请注明）____

9.您是否赞同社会主义核心价值观

A.赞同　B.不赞同　C.说不清

10.您对社会主义核心价值观的态度是

A.仅知道名称　B.能完整表述　C.应内化情感　D.要自觉行为

11.您是否认同“富强、民主、文明、和谐的国家层面价值目标”

A.认同　B.不认同　C.说不清

12.您最认同“富强、民主、文明、和谐的国家层面价值目标”中的哪一方面？

A.富强　B.民主　C.文明　D.和谐　E.说不清

13.您是否认同“自由、平等、公正、法治的社会层面价值取向”

A.认同　B.不认同　C.说不清

14.您最认同“自由、平等、公正、法治的社会层面价值取向”中的哪一方面？

A.自由　B.平等　C.公正　D.法治　E.说不清

15.您是否认同“爱国、敬业、诚信、友善的公民个人层面价值准则”

A. 认同　　B. 不认同　　C. 说不清

16. 您最认同“爱国、敬业、诚信、友善的公民个人层面价值准则”中的哪一方面？

A. 爱国　B. 敬业　C. 诚信　D. 友善　E. 说不清

17. 您认为马克思主义在您的生活、学习和工作中的作用是？

A. 科学的世界观和方法论　B. 值得追寻的伟大思想

C. 偶尔想起　D. 说不清

18. 您对我国能否成功建设中国特色社会主义

A. 充满信心　B. 较有信心　C. 没有信心　D. 说不清

19. 您选择工作时

A. 仅仅保证很好的收入

B. 要服从国家民族利益

C. 既能使自己和家人幸福又能为国家做贡献

D. 在满足个人需要的基础上听从国家召唤

20. 您同意“只有中国特色社会主义道路才能发展中国、振兴中国”吗？

A. 赞同　B. 基本赞同　C. 不赞同　D. 说不清

21. 您对社会主义核心价值体系与社会主义核心价值观的关系认识是

A. 两者有区别　B. 两者无区别　C. 说不清

22. 您同意国家的发展、民族的振兴与个人的幸福紧密联系吗？

A. 赞同　B. 基本赞同　C. 不赞同　D. 说不清

23. 在网络中您如何处理个人利益与国家利益的冲突？

A. 个人优先　B. 国家优先　C. 尽量兼顾　D. 说不清

24. 您认为网络社会的形成对于促进社会公平正义的作用

A. 积极作用　B. 消极作用　C. 说不清

25. 您认为当前爱国主义在我国网民中体现的程度？

A. 很好　B. 较好　C. 一般　D. 不太好　E. 很差

26. 您感觉当前我国民族精神中亟待加强的方面是？（可多选）

A. 爱国主义　B. 团结统一　C. 爱好和平　D. 勤劳勇敢

E. 自强不息　F. 说不清

27. 您认为是否有必要对网络行为进行规范和约束

A. 非常必要　B. 没必要　C. 无所谓　D. 其他（请注明）____

28. 您认为对您价值观念形成影响最大的是（可多选）

A. 父母　B. 老师　C. 朋友　D. 网络　E. 社会现实

29. 您认为在推广社会主义核心价值观过程中存在哪些问题？

A. 政府推广不力，搞形式主义

B. 了解渠道太少，太窄

C. 需要一定理论基础，缺少人具体讲解

D. 民众缺乏热情，感觉事不关己

30. 您对在网络社会中改进社会主义核心价值观宣传教育方式的建议：

后 记

《网络社会与社会主义核心价值观认同》一书，是笔者主持的教育部人文社会科学研究一般项目（10YJC710082）、安徽省哲学社会科学规划项目（AHSKY2015D07）、安徽省高等教育振兴计划思想政治教育综合改革计划建设名师工作室（思政理论课教师）项目（Szzgjh1-1-2018-18）、安徽省高校优秀青年人才支持计划重点项目（gxyqZD2016321）、安徽省高校人文社会科学研究重点项目（SK2016A0677）的研究成果之一。

书稿其实早在半年前就已完成，但一想到付诸出版成书，内心就忐忑不已。之所以忐忑：一是，虽然近年来，陆续也有一些拙文见诸于发表，但均是零散的思考，缺乏对问题在整体上的把握；二是，这毕竟是我的第一本书，正所谓“万事难，难在开头”。但想到“丑媳妇”总要见“公婆”的，也就权当对过往研究和思考的一种总结和梳理了。

在本书的撰写过程中，笔者深深地感受到“书到用时方恨少”，也深切地感受到先贤与前辈们笔耕的艰辛。在此，对书中引用借鉴先贤、前辈，以及各位专家学者的观点和著述，表示最真挚的谢意！对本书在前期资料收集整理、后期撰写修改修订过程中，各位领导、同仁、同事的教诲和帮助，表示最衷心的感谢！

受自身水平的限制，书中难免有许多疏漏和不足之处，唯愿能抛砖引玉，也真诚欢迎各位专家、同行批评指正。

郑爱龙

2016年3月